新装版

真言密教の基本

教理と行証

三井英光

法藏館

はじめに

真言密教は、一言でいわば神秘体験の宗教であるといえる。心眼を開いて遍く観照する時、生きとし生ける、有りとし有らゆる、すべてのものを包み生かしている大宇宙は、それ自身絶対にして無限、しかも永遠に生き通せる大実在であることが体解《げ》出来る。しかしそれは肉眼や五官の感覚や知覚では到底捉《とら》え得ないから神秘といい、しかもそれは厳然と在って、すべてを生み出す本源として体験出来るから実在という。この大実在を心に深く知るを覚りといい、そこから魂の悦びも心の安らぎも生れるし、またその境界に住して自他のために祈れば、真実の利益《りやく》効験となつて現成する。この大実在の内容を心ゆくばかり説き示したのが真言密教の教理であり、それを心にこなし身につけて自在に自らや他の幸福をもたらすための行法がその秘法ともなる。その教理は、人間の宇宙観人生観の至極を窮めており、生きがいある人生を生きぬくための要諦を尽している。随ってそれを知ると共にその内容を味わい、それを生活の中に生かせば、無限の喜びと幸福がわいて尽きないのである。

このような内容を説く密教を、暫くその教理と行證に分けて具体的に解説したのが本書である。

この中、前編では弘法大師の著述たる十巻章に基づいてその神秘体験の教理を明らかにし、後編の行証においては四度行法の内容を解説しつつ、その中に一貫せる神秘体験の主旨を追求した。なるべく現代感覚に合わせて、むずかしい真言密教を平易に講説することを試みたのであるが、祖師や先徳の著述や編纂を参照したのも、ひとえに私の独断を避けてその本意を誤りなく現代に伝えんがためである。とにかくこの著書が現代人の心の暗《やみ》を照らす一灯にもなれば幸いである。

なお、真言密教の教師たるものの必須行目である四度加行《けぎょう》を行ずる者が、この書をその座右に置いて自らの修法の手引としてもらうことを切望してやまぬ。また四度行法に限らず、およそ密教を行ずる程の人は、是非この一本を備えて自らの観行の手鏡としてもらいたい。

巻末に附記として「密教行法の体解《たいげ》」なる一章を加えた。行法を実修する人の心の暗を照らす好資料となれば著者の幸せこの上もない。

この稿は、嘗て旬刊誌たる高野山時報誌上に連載したものに多少の修正を加えて一本にした。この本の刊行に就いては、真言宗米国別院の主監高橋成通師を初め三四の法友諸師の勧めに依り計画したのであるが、諸種の事情に取紛れて仲々その実現を見るに至らなかつた。

しかるに片口信恭師等同信同行の人師らの終始変らぬ熱心な斡旋に依つて、今日法蔵館より刊行されるに至つた事は感謝に堪えない。序末を借りて謝意を表する。

昭和五十三年初秋の一日

神宮寺精舎の緑蔭窓下

著 者 誌す

目次

第二部　真言密教の行証——実修の道としての四度行法——

第三部　密教行法の体解

本書は昭和五七（一九八二）年刊行の第4刷をオンデマンド印刷で再刊したものである。

第一部　真言密教の教理

――弘法大師の教法――

一　神秘体験の宗教

弘法大師に依つて開かれたる真言密教の骨髄は、神秘体験という事に尽きる。ここに今神秘というのは、眼耳鼻舌身の五官の認知たる個々差別の事象を超えて、その背後にそれらを貫いている根本生命の境界をいう。それは肉眼では見えぬけれども厳然として在り、肉耳にはきこえぬけれども粛然と魂にひびく所のものであるから、それを神秘の実在という。

この実在を直ちに心に知り、身の上に証し、行いの上に現わして行くから体験というのである。この様な神秘の実在を体験する事が密教では根本であつて、煩悩の苦しみから解放される解脱も、それの障りから救われる救済も、無常無我空と諦観する覚りも、又他のために願う祈りも、すべてこの神秘実在の体験という事より返照し派生される心象に過ぎない。結局神秘体験という一事が成就すれば他はおのずからにして成ずる。

しかもその体験の方法たるやこれもまた三密瑜伽法を以つてする。それは端的にこの身語意の上に実在そのものを盛り上げる秘法なのである。それを行ずる事に依つて自ら実在そのものとなると同時に、万象を貫き遍く満てる実在を通して一切の祈願を成就する秘法ともなるのである。ここに瑜伽とは、個体をくずさずそのままで全体に通ずる事で、実在体験の相であり、古来よりこれを相応と訳している。

随つて先徳は密教を以つて神通の宝輅といい直往月宮と説いて、端的に神秘実在に住する教法である事を特に強調されたのである。

勿論この様な教法は、大師以前、すでに早くより経典儀軌として結集されてあり、その道の阿闍梨に依って相伝されて来たのではあるが、特に我が大師に依つてそれは悉く実証され、一つの宗教に組織されて宣布されたのである。

げにこの教えの祖なる大師は非凡なる神秘体験の行者であらせられた。

大師すでに幼き頃より無限永遠の何ものかに深き思慕を懐き、わずかに童堂の仏像を通してそのものに礼拝供養の真心をささげる事を以つてその切なる念《おも》いをみたし、それを最も心楽しき遊びになされていた。

長ずるに及びその思慕の情はいやまして止むに止まれぬ求道心となり、大師をしてあらゆる世俗的な誘惑妨害を排して敢然と仏門に立ち向わせた。大師のこの様な志願を明察せる師の勤操は『汝に博奩の相あり、この一法を授けん、心を専らにして修せよ』とて、虚空蔵求聞持法を授けたのである。この法は虚空蔵菩薩の内証たる大宇宙の神秘実在を端的に体験する秘法であるが、大師はこの一法こそ我が宿願を成ずる道であると信じて、一身の出世や栄達の道を説く大学を退き、漂然と都を立ち出でて山野に身命をさらし、幾度かこれを精修された。その結果、大宇宙には神秘なる実在の満つるをば身を以つて体験されたのである。

すでにその大実在を身に証し給える大師には、ひるがえつて当時の仏教の徒らに空有の談理をもてあそんでその心髄生命に触れようとせぬ教風にあき足らず、すでに実証せる生々しき体験の内容をそのままに打出せる教法こそ不二真実のものであり、その教法が必ずどこかに在らねばならぬとの確信を以つて所謂不二の誓願を立て、その法門を探し求めた結果、その内容及びそれを体験する秘法を心ゆくばかり説き示せる密教を得られて、これこそ最上根本の教法として我国の上下に宣布されたのが真言密教である。

随つて大師の開き給える密教は全く求聞持法の体験内容たる神秘の実在を展開せるものである。しかも大師はその実在を体験する秘法たる三密瑜伽の観行——求聞持法もその一つではあるが——を常に修せられ、それを以つて自らの体験を深められると共に他のために幾度か祈願を凝らされて法験を成就して居られる。

しかも尚これにあき足らずしてこの行法の三昧を永恒ならしめんがため、自らこの秘法を以つて入定されたのである。即ちこの神秘体験の秘法を以つて身心を修練し、遂にはその三昧に住されたままで穀味を断ち水漿を断ちて遂には息をも止められた。随つて大師の肉体は三昧止住の姿のままに鎮まり、その三昧たるや神秘実在の中にありて永恒の大活動をつづけている。水面に在りて一波水中にひそみてもその波の力は次の千波万波を派生する如く、大師入定の三昧は、神秘なる実在身となって十方に遍在し影向し給うのである。

かくて大師は神秘実在の体験という一事に生涯をかけられ永生を期せられ永恒の活動を成して居られるのである。人若し大師の密教を解せんとせば、先ず自ら瑜伽の観行を精修して神秘実在の体験を以つてすべきである。それなくしては密教の真実義は分らぬというてよい。

近時往々にして行法を忘れて教義の形骸だけをもてあそび、秘法の形式を単に知るだけで能事終れりとなし、神秘体験を通さずして祖師の行跡を説くものあれど、これ等は徒らに盲人の象を推摩してその片鱗を探つて全体と思うの愚に等しといわざるを得ぬ。

殊に歎くらくは我宗の教学の府たる学園の現状である。求道体験を忘れてただ教理や行軌の形骸を説くのは未だよいとして、経典や論疏の考古学的詮索のみに追われ、末節を論《あげつら》う事に労して全体を貫く教理の根本を喪失し、生命の枯渇したる教材のもてあそびに時を費しているにすぎぬ。密教の学府であり乍《なが》ら、就中密教教学の衰えたること今日に過ぐるものはない。それは何故か、求道体験の根本を忘れて教義の末節に拘わつているが故に倒底人間生命の糧たり得ざるが故である。

蓋し求道体験を度外視したる密教の教理も行道も無いのである事を我等は先ず心肝に銘記すべきである。

二　神秘実在と体験の秘法

今、我々が率然と五官を開いて外界の事象に立ち向かう時、眼前に聳《そび》ゆる山、流れる水、空かける鳥、地を走る獣、水くぐる魚、草の蔭にすだく虫、草木石土など、乃至行く雲、吹く風、更に天に散在する無数の星に至るまで、天地に連なる森羅万象として遠く近く認識される。今これ等を分析すれば、遂には分子や原子電子等となり、しかもこれ等の素粒子はエーテルの波動であり、それは恰も意志をもつた生命力であり、更に一歩ひるがえせば心霊的な何ものかにつながると自然科学では説いているのである。

他方欧米で最近盛んになれる心霊科学では、人はそれぞれ意識をもち、その意識活動は無意識なる生命より出で、その生命は遂には個体を超えたる宇宙心霊の尖端であると説かれている。

かくて今日の科学では、外界からも内界からも、大宇宙はそれ自身絶大にして無限なる太霊である事が結論として肯《うなず》かれている。

この事は密教に於いては初めから説ける所にして、それは五官の認識を超えた宗教的な直観や神秘体験に依って観照され、実証されて我等の前にすでに祖師や先徳に依って説き示された所である。即ち密教に依れば、大宇宙はそれ自身神秘なる太霊にしてそれは時間空間を超えて無始無終の働きをなしつつ一切の森羅万象を生み出し、その個体を通して自らの内容を開き顕わしつつ生成発展している。随って無数の生物や個体も、これらを形造っている細胞も原子も、生れ住し壊れ滅びても又その所より形を変えては生れ、かくして各々限りなく生住壊滅を繰り返しつつ、無限なるものの内容を開き顕わして行く永遠の過程である。

さればこれら一切万象の根本には、個体を超えたる生命のつながりがあり、恰も千波万波の波の底には同一水が通じている如く、個々万象の底には神秘にして絶大なるものが遍満し実在している、それは一応五官の感知を超えているが故に神秘の実在である。これを密教では秘密荘厳といい、又は遍照金剛とも名づけ、普賢大菩提ともいい、実相般若波羅蜜海ともいうのである。

ここに秘密荘厳とは神秘なるものの内景荘厳の意、遍照金剛とは、神秘の霊光は一切の現象を内外より遍く照す故遍照といい、且つそれ自身は絶大永恒の生命であるから金剛という。又普賢大菩提とは、恰も満月の欠けたる所なく普く包み、大海の盛りたたえたる如くすべてを満たし、円満に一切を具えている本質をいう。

又、実相般若波羅蜜海とは、それは鏡の如き澄み渡れる心（般若）の内に始めて本来の姿（実相）を映し来れる実在の内景なるが故に、かく名づけるのである。

密教ではこの神秘の太霊的実在をまた大日法身なる仏体と仰ぐのである。

恰も太陽の万物を照すが如く、しかも太陽とは異なって心の暗をも照らす霊光なる故に大日といい、それは宇宙法界をそのまま己のが身体とせる大実在身なる故に法身というのである。

この大日法身の一切万象を内に包んで一つに融合し統一せる生命の働きを金剛界といい、個々の万象を生み出しつつその各々を一子の如く育くむ愛の働きを胎蔵界という。かくこの両界の働きの一つ一つを仏体に具象してそれ等を全体の集まりとして示せるものが曼荼羅である。随つて曼荼羅は神秘の実在を一定の図の上に象徴せる宇宙世界の縮図というてよい。

この様な神秘実在を心に信知し身に体験するのには如何なる方法に依るのか、密教では正しく三密瑜伽法に依る。五尺の肉体をもてる我れは太霊たる神秘実在の尖端にして、実在の内容を尖端たる個体を通して顕わさんがために父母和合の縁を仮りてこの世に生れたのである。随つて我が身も、語も、意も、神秘実在より盛り上れるものにして恰も如意宝珠の如く、尖端なる個体より見れば実在は本質として蔵されたる如来蔵性であり、球底の実在よりすれば個体は身語意三密の金剛と成る。即ち実在より盛り上れる身語意の完全なる機能である。

随つて今、身の働きとして両手の上に実在を示せる印を結び、口には言語の働きとして実在を端的に表せる真言を誦じ、意に実在の内容を観照する。この印と真言と観照と、所謂身語意の三つの働きが一実在を体験し表現すればそのまま実在の光を放つて仏身と成るのである。これこそ正に人格の完成であり即身成仏というのである。かくすればこの様な個体はそのまま同一実在を通じて他の個体とも通じ合い、距離を超え時代を超えて三世に十方に遍通する。この様な働きを瑜伽というのであるが、かくて今三密瑜伽の秘法を以ってすれば祈願は通じ法験も成ぜられるのである。

密教の行道は全くこの三密瑜伽の秘法を行ずる事に在る。随つて我等今、端坐して息を調え、視線を鼻端につけて手に印を結び、口に真言を誦じ、意その三昧に住する事暫《しば》しすれば、忽《たちま》ちに個々の現象は渾然と融合して蕩々たる神秘の実在となって現われ、我が心は仏光に充たされ、諸仏の雲集をまのあたり仰いで無限の法悦と福智を実証する事が出来る。この体験を得て、ひるがえつて大師の行跡を仰ぎ、その語句に接するの時、釈然として会得する事が出来るのである。この体験を得ずしては大師の行状や教学の真髄は、如何に文字章句をもてあそぶとも遂には解る時が来ぬであろう。

さてこの様な体験実証が大師の著述の中にどのように組織され説示されているかを、章を追うて見て行こうと思う。

三　神秘体験と弘法大師の著述

大師の説かれたる密教の教理は、本来大師の神秘体験の内容を組織されたものである事は上述の通りである。

大師の密教の体系は十巻章の中に纒められてある事は周知の通りであるが、十巻章とは弁顕密二教論上下二巻、秘蔵宝鑰上中下三巻、即身成仏義、声字実相義、吽字義各々一巻、般若心経秘鍵一巻、発菩薩提心論一巻である。この中、前の九巻は大師の著作であり、後の一巻は竜猛菩薩の作なれども大師は特にこれを密蔵肝心論と推賞されているので古来より以上をひっくるめて十巻章として密教教義の体系となしている。

この中、二教論は、密教と顕教、特に法相、三論、天台、華厳の四家大乗の教格と比較して、密教が神秘実在をそのままに説示する所にその特色ある事が力説され、秘蔵宝鑰に於いては、世俗一般の人生観より始まつて世間人倫の道、仏教以外の宗教、更に仏教に入つて声聞縁覚の小乗教、法相・三論の権大乗教、天台・華厳の実大乗教、最後に秘密荘厳の真言密教と云う工合に階段式に教の浅深を論じ、神秘体験の真言密教をば宇宙観人生観の最深最高のものとされたのである。

次に即身成仏義は、神秘体験の内容を全体的に大日法身と見て、特にその身密の立場から、その内容を解明し且つ実証する事を説き、声字実相義は、特に語密の立場より、神秘の実在はそのまま言語や文字に依つて自在に象徴し得るを説かれ、吽字義は、更に意密の立場より神秘の宇宙は大日法身の意的荘厳なる旨を縦横に説かれているのである。般若心経秘鍵では、顕教の空般若を説ける般若心経を神秘体験の密教的秘密般若の眼光を以つて解明され、この神秘の実在を把握してそれを行使すれば、自他の罪障を除いて仏光赫灼とかがやき大安楽を成就する事を得ると説かれ、菩提心論では、特に神秘体験を行ずる真言行者の歩み方、観行の仕方の如何にあらねばならぬかを示されたのである。

私はこの十巻章の外に特に秘蔵記を加えたい。秘蔵記は神秘体験の内容を語録的に書きとめたものとしては大師の著述の中の最も適切なものと思うので、真言行者が日々の行法の坐右に置いて、自らの体験内容を省察するのによき指針となるものである。

以上十巻章ならびに秘蔵記を神秘体験の密教々義の体系を解明する資料とする理由を概説したのであるが、これより各章に亘つてその内容に触れて行こうと思う。

四　神秘体験と弁顕密二教論

弁顕密二教論とは、その題目の如く顕教密教の二つの教えを比較して特に密教の特質を明らかにするために書かれたものである。先ずこの論の初めに、序分として書かれた要旨を概説すると、顕教は衆生の性情に応じて仏が手心を加えて説かれたもので、極く浅くしかも衆生の迷い執われの心を除く事を目的としているので、勢い否定的な説き方をした教えで、これを迷情を遮るという意味から遮情教という。然るに密教は仏が自らの神秘なる内容をそのままに打出された教えで、何んの手加減も加えていない。本来の性徳をそのままに表わして居る教えだから表徳教というのである。

その修行の仕方も顕教では、布施、持戒、忍辱、精進、禅定、智恵の六度の行目を行ずる事に依つて煩悩を一つ一つに断じて行こうとする。即ち顕教の菩薩は常に四弘誓願をおこして特に『煩悩は無尽なり誓願して断ぜん』との態度である。然るに密教では三密の秘門を開いて我が身語意の働きの上に直ちに仏の神秘実在の性徳を顕わし、大宇宙の無辺の福智を悉く盛り集めようとの行き方である。

かくの如く遮情的な方便の仮説が顕教で、表徳的の神秘体験の真実性を開くのが密教である。

然るに顕教を学ぶ人達はその遮情的な仮説の所に停まつてしまい、それが恰も仏の真実の教えと思い込んでいるものだから、徒らに有空や非有非空の理談や詮索に耽けり、神秘の実在の、本来満てるを知ろうとせぬ――と、先ず論断されているのである。

次にこの様な見方は独り大師の独断ではなく、古来の経論に先徳の示された所であるとして、大師は先ず竜猛菩薩の釈摩訶衍論の文を引証されている。即ちその文に依れば、不二摩訶衍なる神秘の大実在は、それ自身あらゆる功徳を円《まど》かに具えていて、それは仏を生み衆生を包める根本実在である。若し顕教の如く、衆生の機根に応じて仮りの相たる報身応身の仏を現じてその境界を説かしむれば、『百非に非ず千是に背けり、玄として又玄、遠にして又遠なり』というより外なく、到底その面目を捉え得ない所としている。然るに不二摩訶衍なる大実在それ自体は、いわば生命の充てる仏身にして、それは大海の如くにあらゆる性徳を具えたる自性法身であり、その法身のそのままの働きこそ秘密蔵とて神秘体験の境地にして、それを在りのままに説き示すのが密教なのである。

次は華厳五教章に依れるもので、釈迦仏が海印三昧に入って説かれたる華厳一乗の教えには、性海果分と縁起因分とあり、性海果分とは一切即一、一即一切の無碍円融の至極の境界で、それは言説を以っては説く事が出来ない全く不可説の境界である。然るに、縁起因分は、迷いの世の縁起に応じ、その相にくらべて説いたものであるから、普通の言葉であれこれと説き示す事が出来るのである。この様に華厳五教章に論じているその不可説の性海果分こそ密教の本分で、それは神秘体験を以つてすれば自在に把握してそのままに表わし得る。それは正しく金剛頂経等の秘密経典に説かれている所であるとして、大師はこの文を引証して居られるのである。

次に又、天台大師の摩訶止観の中には空仮中の三諦を説いている。即ち仏は衆生の機根に応じて真理をば或いは空とも仮とも中とも説き示されているが、三諦の本義は、空がそのまま仮であり又中でもあるのであって、この三諦は円融して居り幽玄微妙で、言語では説き示す事が出来ない。百非を以つてしても洞遣し四句を以つてしても皆亡してしまうといわれている。大師は、この天台止観の否定の至極とする所が密教よりすれば入門であつて、そこより神秘体験を以って無尽の福智を開顕するのが密教であると説かれている。

次に、慈恩法師の大乗法苑義林章の中の二諦義章の説文に依れば、仏の教えを世俗諦と勝義諦とに分け、世俗諦は世間の迷いの事象の扱い方を説いたもの、勝義諦は悟りの境界を説いたもので、特に悟りそのものの実相をばあらゆる言説を廃絶した所の一真如法界であると説いている。この様に覚りの至極たる真如が言語を離絶しているのは迷いの境界から見るからであって、覚りそのままを体験して表わす真実の言語を以つてすれば自在に開顕する事が出来る。これは独り密教のよく成し得る天地であり、金剛頂経等がそれに当るのであると大師は見て居られる。

次に又、竜猛菩薩の大智度論の文言に依れば、不生・不滅・不断・不常・不一・不異・不去・不来の八不の理は、一切の万象悉く因縁に依って生じたもので、固定せる自性無しと覚れる否定の極致で、この道に入る初門である。

又、竜猛の般若灯論の説に依ると、第一義の仏いまして説法の因となり、それより化身を現じて説法する。それはやがて第一義の所にすべての衆生を誘導せんがためである。但しこの第一義の所は幻の如く化の如くすべてを絶離せる絶対空で、計らうべき説くべき何ものもない。随つてこれを如虚空といい無分別法という。併しこの処は遮情の至極であつて表徳の所にまでは至つていない。随って竜猛菩薩自身、この処をば入道の初門であると説いておられるのである。

次に又再び釈摩訶衍論を引かれて、凡そ言説に五種あり、相言説、夢言説、妄執言説、無始言説、如義言説あり、この中初めの四は悉く迷い心より生ぜるもので、事物の現相に執われたり、それを夢見たり、過去の事相に執われたり、過去の執われが潜在意識となり、それより自然に出るものであったりして、悉く迷いの言説であると説かれる。然るに第五の如義言説だけは、真実在そのままを打出せる真言であると説かれる。前者は迷いの言説であるから文語という。それを以ってしては如実の世界は遂に不可説となる。然るに今、義語を以つてすればそのままに表わし得るのである。

次に又、心量に十ありと説き、十とは眼耳鼻舌身の五識と、第六意識、第七末那識、第八阿頼耶識、第九の多一識、第十の一々心識である。この中前の九識は何れも真理をそのままに意識せずその認識する所はいつも仮相や空理にしか過ぎない。一々心識に至つて始めて真実在そのままを具体的に認識するのである。

この如義語や一々心識を以つて、初めて真実在がそのままに体験され表現される。これが密教の天地であると説いて居られる。

最後に竜猛菩薩の菩提心論の文を引き、即ちこのような真実在そのままを体験する三摩地の秘法を説くが故に、真言密教に於いてのみ即身成仏する。他の顕教ではいつも迷いの立場を離れ得ず、空有の仮相に執われているが故に、この神秘体験への飛躍は全く欠けているというのである。この菩提心論は「密蔵肝心論」ともいうべく、この論の中には明確に顕密二教の区別が説かれている。顕教は衆生の心性に応じて手心が加えられたる他受用身、変化身、応化身の仏の説かれた方便仮説の教えで、自性法身の法爾自然の働らきを開いたのが三摩地法門の密教であり、これは正に金剛頂経などに説く所であると、大師が解せられているのである。

以上二教論の上巻に於いては顕教と密教、特に法相、三論、華厳、天台の四家大乗教の一々と密教とを対比して、密教の特質を大いに唱道されているのである。

次に下巻に於いては特に法身説法を明らかにして居られる。先ず六波羅密経や楞伽経の説文を挙げて密教が殊勝である事を示し、その上で密教の殊勝なる所以は、全く法身説法し給い、それがそのまま密教であるからである事を強調して居られる。それには楞伽経、金剛頂五秘密経、瓔珞経、金剛頂経、瑜祇経、分別聖位経等の文証を引かれて、法身は説法し給う、即ち金剛界遍照の法身如来は常に説法し給う。それはどこでなされているかといえば三世に常恒なる法界宮殿で、しかも誰れのためにどのように説法し給うかといえば、それは他のためにではなく、全く自受法楽とて、自らの内より自然に流れ出たる金剛の自性そのままの無尽無数の眷属と共に、誰れの制約も受けず、ただ自からの楽しみの故に自在に説法し給う、と説かれる。これは金剛界遍照の法身如来の身と語と意の神秘なる金剛の働きの様相である。然るに顕教では法身は言説思想を超えて説法せずというのであるが、それは上述の如き経説の真実義を知らざるものというべきである。

かくて大師は更に瑜祇経や大日経や守護国界陀羅尼経の文を引かれて法身説法の諸種の儀相を説かれ、全く密教の両界曼荼羅の聖衆の集会は法身説法の神秘なる展開である事を説いて居られるのである。

そして最後に龍猛菩薩の大智度論の文を引かれて、仏には二種の身あり法性身と父母生身であり、法性身はその身量の十方虚空に行き渡りて辺際なく、その色相形相は端厳にしてあらゆる相好を具し、その心量も計ることが出来ず、智恵の光明にかゞやき、その言語も微妙なる音声に綾なされている。その説法を見聞する眷属も虚空に満ちてはてしがない。これらの眷属も、もとより法性身より自然に現れたもので、そのまゝやはり法性身の仏である。このように秘密の言語を以つて自らの法楽のために自在無碍に説法して暫くも止まぬ。これが法性身の説法なのである。

この法性身の常恒の説法の儀相を見ることも聞くことも出来ぬ罪障の深いもののために、父母所生身を現じて世間の言語文字で次第に説くのが生身仏の説法である。

かくの如き法身の説法をば、衆生は罪障を以つての故に見ず聞かざること、たとえば日出ずれども盲者は見ず、雷が大地をふるわしても聾者は聞かないようなものである。恰も鏡が明らかなる時は面影が映るが、垢のために曇つていてはそれが映らぬように、衆生の心清浄なれば法身を見、心不浄なる時は見ることが出来ぬのである。

このような法身説法こそ独り神秘体験の密教の、初めて心眼を以つて見ることの出来る境界であるから、智者はよろしくその真面目を知つて迷いを醒ませ、と結んで居られるのである。

以上が二教論において大師の説き給える概要であるが、大師以後に日本において宗旨をなせる禅宗や浄土諸宗、日蓮宗の如きは、密教と対比してどうであろうか。

大師の二教論の本旨に鑑みて、先ず禅の修行の仕方はあくまで四弘誓願に依つてその第二の誓願たる「煩悩は無尽なり誓願して断ぜん」との願心を発して自己を空じ、他己を空じ、畢竟空を以つて自他の執見を超えようとするからやはり遮情門であり、表徳門の一面はわずかに悟後の修行として触れているにすぎぬ。密教は初めから神秘体験を以つて直ちに真実在に向い、それを以つて自他の福智を開くのである。

浄土諸宗では罪悪深重の凡夫と知つて現実を遠離し、自己を否定することに依つて弥陀如来大悲の誓願に乗れる身なるを知るに至る。これは所謂往相廻向であるが、この所はやはり遮情門である。願船に乗れる身なるを知りてより、その信心と法悦を以つて還り来つて自他の菩提を増進して行くところの還相廻向において僅かに表徳門に入るのである。然しその表徳の内的荘厳の展開に至つては遂に説いて居らぬ。

日蓮宗は法華経の説相に依れるものではあるが、特に本門の釈尊を本尊と仰ぐ所は自性法身に通じ、「南無妙法蓮華経」の七字の題目を唱念して絶対帰一し、それに依つて直ちに一切の戒法を受けてそのまま菩提を成じ、所謂金剛宝戒を受得するというのである。そしてこの法力を以つて摂受し折伏して自他の所願を成ずると説いている。一見すれば表徳門の密教に通ずるものあるも、ただ一門を開くに止まり、普門の万徳を開見していないということが出来るのである。

これらの諸宗と比べて、密教は飽くまで三密瑜伽の秘法を以つて直ちに神秘の大実在を把握し、それを行使して自在に自他の一切の業障を除き福智を開顕する所のあらゆる法門が開かれてあるのである。要するに神秘体験の中には遮情も表徳も同時に成就されるのである。

以上二教論の要旨を見る時、大師は終始自性法身の常恒の説法を特に強調され、大宇宙に満つる神秘実在の限りなき展開が天地に連なる万象となつて顕現していることを説き、それを知らざる凡夫の妄執を破する方便として応化仏たる父母所生身の釈尊が世に出られて、無常、無我、空の遮情教を説かれたのである。

然るに顕教の徒輩はそれを知らず、徒らに有空、非有非空等の法相に執われて理談模索を事とし、神秘の実在を端的に実証する事の中に、真空も妙有も、遮情も表徳も同時に成就されることを忘れている。

独り密教は三密瑜伽の秘法を以つて直ちに神秘体験を成就し、万生の根本を培うのである。所謂「一心の理談をもてあそぶよりは、三密の金剛を振へよ」と誡められた所以で、そこに表徳教としての教密の立場のあることを力説しておられるのである。

五　神秘体験と秘蔵宝鑰

秘蔵宝鑰上・中・下三巻は、世間一般人の世界観・人生観より始まつて、浅きより漸次に深きに入り、低きより高きに進んで、遂には神秘実在に基づける密教的宇宙観・人生観の最深最高なるを説けるものにして、このような心性心品の階段を、大師はこの書において左の十に分けて特に十住心と名づけて居られるのである。

1　異生羝羊心（いしょうていようしん）
2　愚童持斎心（ぐどうじさいしん）
3　嬰童無畏心（ようどうむいしん）
4　唯蘊無我心（ゆいうんむがしん）
5　抜業因種心（ばつごういんじゅしん）
6　他縁大乗心（たえんだいじょうしん）
7　覚心不生心（かくしんふしょうしん）
8　一道無為心（いちどうむいしん）
9　極無自性心（ごくむじしょうしん）
10　秘密荘厳心（ひみつしょうごんしん）

1　異生羝羊心

異生とは人各々生を異にするをいう。即ち、凡そ人は自らの造つたそれぞれの業に随つて現在の生を招くが故に、十人十色で容貌も異なり個性も違つている。次に羝羊とは、牡羊の如くにただ食慾と性慾のみに追われている心ばえをいうのである。たとえ人間の体をしていてもただ衣食のみを求め、性慾や財慾や名誉慾に追われ勝負事や賭け事に浮き身をやつすだけで、ただうかうかと人生を終る人が随分多いのであるが、これが正しく異生羝羊心である。大師はこの住心を次の如く説かれている。

日月や星は常に天に輝き我等の頭頂を照していても、何処より生れ何処に死に行くか生死の理には暗い事、狗の眼の善悪をわきまえざる如く、高山に登りて自ら足をそこに載せていても人生の前途を望み得ざる事、羊の眼の方角を識別し得ざるが如くである。ただ日夜に営々として衣食の事に追われ、遠近に走り追つて名利のとりこになつている。しかのみならず磁石が鉄をひきよせる如くに男女互いに相求め、水晶が水を生ずるが如くに親と子が相親しんでいる。これは皆肉体に具わる本能愛の催しにすぎぬ。しかもその愛の愛たる所以がどこにあるかを知らない。

これ等の愛のはかなき事恰も流水が相ついで流れ去り、火焔が相助けて次から次へと燃え失せるようなものである。然るにその本質を知らずにその妄情の縄に縛られて悩み、その無明の酒に酔いしれて心をただれさせている。

このように無明妄情に心がくらまされているが故に、生死の本源も分らず出離の要道も知らず、日々にあらゆる悪業を造り重ねて間断なき地獄の苦しみを受けているのである。その悪業とは身の上には種々の生物を殺害し、他のものを盗み奪い、美人に心迷うて和強両姦に精魂を疲れさせ、口の上では妄語・綺語・悪口・両舌をなして罪を作り、意は貪ぼり・瞋り・痴かさの三毒に塗られて休まる暇もない。

この様にただ本能の快楽と物慾の追求にひきずられ、その事のために血眼となつて争い、互いに傷つき合い、虎視眈々として少しも心安まる事がない。これが昔も今も変らぬ世間凡夫の世の相であるが、何故この様な世相を生み出したかといえば、それを形造つている人心に狂いがあるからである。即ち、その人生観に根本的な誤りがある。それは唯物主義と個人主義の人生観であるからである。

すべての現象は物質で成立ち、人生もまた肉体という物慾の機能にすぎない。この様な個々の肉体が中心となつて我れを形造り、この個我が集まつて各々の利益幸福を守る、いわば利己のために社会を構成するのであるという人生観が生れる。この様な人生観をもてば必然的に個我の物慾を追求し、その享楽に浮き身をやつし、その事のために血みどろな争いを繰り返し、多くの罪を作りその障りを受けて自他共に苦しむ事になるのである。

この様な人生観をもてる人の心ばえを惣じて異生羝羊心というのである。

大師はこの住心を説かれその終りに龍猛菩薩の菩提心論の文を引かれ、『凡夫は名聞や利養や資生の具に執着して、営むに自身の安逸を以ってし、恣いままに貪瞋痴の三毒や色声香味触の五境に対する慾を行ずる。真言行者はこれに耽り沈んでしまってはならぬ、寧ろこれより飛躍して神秘実在に基づける真実の人生観を確立すべきである』と結んで居られるのである。

2　愚童持斎心

冬枯れの樹木も春にめぐり来ればいつしか芽の出るが如く、人も亦いつまでも凡愚とは限らない。何かの縁にあえば、善心が兆して来るものだ。況んや人は各々仏性をもち、その仏性たるや宇宙に満ちて万生を貫ぬく神秘実在を本質としている。随って人が何かの機縁に触れて眼醒めるにつれて、自らが在ると同時に他の在る事にも気づき、おのずから他との間に社会的な交渉が行われ人倫の道も生れて来る。先ず何よりも自らの我慾を摂して他にも施し、自他共通の幸福を考えるようにもなる。これが愚童持斎心で、愚童とは自分の我慾を満たす事の外に余念のない愚か者にして、これがやがて持斎とて漸く他の在るを知つて我慾をおさえ他のために施しをするようになる心ばえである。とにかく自己以外に他のあるを知つて自他の幸福と権利を確保するために法律等の規約を作り、その間に自然にかもされる人情や倫理道徳などの行われる人間社会の一般通念、これ等を愚童持斎心というのである。

大師はこの住心では五常の道や五戒、若しくは十善の行われる処とされた。五常とは仁義礼智信で、これはまた五戒に通ずる。即ち仁はいつくしみで不殺生に当り、義は自他の立場を正しく守る事で不偸盗、礼はつつしみで不邪婬、智はわきまえで不乱（不飲酒）、信はまことで不妄語に当るとして居られる。十善は身の上の三善、即ち不殺生、不偸盗、不邪淫と、口の上の四善即ち不妄語、不綺語、不悪口、不両舌、更に意の上の三善で不慳貪、不瞋恚、不邪見である。これらの道に依つて一応社会の秩序が維持され、国家も安穏となり、世界も平和になると説かれているのである。

併しこれはどこまでも自他の間に生ずる対人関係の道であつて、万生を貫く真実在に根ざしては居らぬ。随つて人生の根本義とは関係なく、ただそれは人と人との社会的な関係より生じた皮相のつくろいで、暫現的な仮相にしかすぎない。因縁が変り時代が遷ればその徳目も亦遷り変つて行く。無上真実の道を求める真言行者の停まり住すべき心品ではないのである。

3　嬰童無畏心

自分と他の人々との間柄をととのえる人倫の道では心の底の魂の救いとはならない。一度自らの脆弱に眼醒めたる人は、やがて有限な人間関係を超えて人間以上の不滅なもの、自在なもの、即ち神や天に安らいを求め、永遠の寿命と絶対の力を得んと願うようになる。とにかく自分の外に神あり天ありと思惟してそこに生れんと憬がれ、その加護を得んと祈るようになるのである。この住心に至つて道徳の上に更に宗教が人心の必然として要求される事を示す。無畏とは魂の安らいを得るをいい、嬰童とは尚それが極く低くて恰も嬰児の如き程度のものであるからである。

仏教以外の宗教は大体この住心におさまる。とにかく自己以外に神ありと信じてその救いを求める宗教は皆これに属すると云うてよい。

但し無上真実の道を求める真言行者はこの処に停まつてはならぬ。何故かといわば心外に神ありというても、それは神の有に執われた独断であり偏見であるから、須《すべか》らくそれを超えて無限向上の門出に立つべきである。

4　唯蘊無我心

凡そ形をとつて表われたものは悉く何等かの因縁関係に依る。即ち衆多の要素が相関係し、その中の一つが因となれば他が縁となつて果を生ずる。この様な因縁関係に依つて在りとしあらゆるものが生ずる。今我れの外に神在りというてもその神もまた因縁に依つて有る仮りのものであり、この我れもまた因縁所生で暫現的な存在である。随つて他との関係を離れた孤独の自性は無い。これを無自性といい、空というのである。

この空を時間的に見れば無常であり、空間的に見れば無我である。かくて神我も亦空、自我もまた空である。乃至一切の万象も空である。すべて色受想行識の五蘊和合し相集まつて自他の一切を生ずるが故に、無常無我空と知つてその執見を破り、苦の因を尽して涅槃の楽果を得るのがこの住心である。

これは仏教の中の声聞乗の心品で、苦と、苦の源因と、それの滅尽と、滅尽に至る道を説く四諦の理を観じ八正道を修して自我の執われより解脱し、煩悩の消されたる阿羅漢果を得るを至極とするのである。

これを唯蘊無我と名づくるのは、すべての事象は五蘊の法体原素の和合である事を知つて無我に住する心品であるからである。

5　抜業因種心

この住心も同じく無常、無我、空を観じて、ものの存在や自我に対する執われより解脱するのであるが、特に迷いの因縁たる十二因縁を観じ、その根本源因の無明を除き、その薫じつけられたる習性までも洗い浄め、再び執われを起して迷い出すような事のない、無余涅槃の寂静なる処に住する境地で、随って業の因種を抜く所の抜業因種心というのである。

これは第四住心が声聞乗の心境であるのに対して縁覚乗である。声聞とは仏の教説を直接聞いて覚って行くをいい、縁覚は飛花落葉の自然の現象を見てそれを機縁として無常を知り、山林や聚落に住して無言の三昧に入り、自ら工夫して執われを除き、独り覚りを開いて行くをいうのである。

以上二つの住心は仏教の中の声聞《しょうもん》・縁覚《えんがく》の二乗に当り、何れも自我に対する執われを除いてはいるが、なお四諦や十二因縁等の法相に執われ、五蘊の原素はそれぞれ実有なりとの、所謂法体に対する執われ、即ち法執がなお残つている。随つて迷いの法体を捨てて覚りの法体を得ると思惟して、その事のために独り山林の静処にかくれ、自らの解脱にのみ心労して遂には肉体をも滅ぼしたる死の如き処を最上の境地と思うようになるのである。

真言行者は、法体や法相そのものもまた因縁に依れる仮りの定めと知つて、その執われよりも離れ、無限向上して根本実在に飛躍し、そこより現世を自在に加持しととのえて行くべきであるから死の如き空処に停まつてはならぬ。

6　他縁大乗心

一切の事象は悉く因縁に依つて生じたもので無自性空なるが故に、無常であり無我であるから、人我に対する執われはすでに全くないのであるが、更にその因となり縁となり果となる法体もまた仮りの定めなるが故にこれも無自性であると知つて、法体に対する執われも破つてしまう。かくて人執・法執より解き放たれるが故に、生死界を超えると共に無余涅槃の死境にも陥らず、所謂大智の故に生死に住せず、大悲の故に涅槃に住せずして、無縁の慈悲を以つて衆生の救済に挺身するのが菩薩であり、これはこの住心に至つて初めて説く所である。前の声聞・縁覚は何れも自らの解脱のみに追われ、涅槃の楽所にのみ執着して他を顧りみぬ教えなるが故に小乗教というのであるが、今この住心は自他共に覚りの彼岸に至らんとする教えであるから大乗教といい、しかも他の衆生を顧みる事を先にするが故に他縁大乗心というのである。

その教えとして説く処は、心外の万象悉く阿頼耶識なる心海より現ぜる千波万波に等しく、随つて変現出没常なき無自性である事を観じ、人執のみならず法執をも滅してよく無縁の慈悲を以つて生死界に浮沈せる衆生を救わんと誓う。かくて『衆生無辺誓願度、煩悩無尽誓願断、法門無量誓願学、仏道無上誓願証』の四弘誓願をおこして、布施、持戒、忍辱、精進、禅定、智恵の六度万行を修し、五十二位の階位を経て漸次に進取し、遂には常楽我浄の四徳と、法身、般若、解脱の三点とを円満して仏と成るのである。

この住心は法相宗に説く所であるが、万象は阿頼耶なる唯識の所現にして、阿頼耶識の依所として真如法性あるも『真如は凝然として諸法を作《な》さず』とて、真如と万象の融即する道を説かず、五十二位の階位に執われたる所あり、随つて真言行者のこれに停まらずして更に転進すべきである。

7　覚心不生心

一切万象は悉く一心法界たる真如法性の縁起せるものと知るが故に、悉く無自性空である事、恰も大虚空があらゆるものの形象を拒まず、澄みたたえたる大海水の千波万波を変現しているが如くである。随つて万象は、その実体は空なるもしかも宛然と現存するが故に有である。有即空、空即有である。この様に空有をそのままに容れたる絶対空が万象の実相なのである。

この絶対空を観ずるのに八不を以つてする。八不とは不生・不滅・不断・不常・不一・不異・不去・不来であるが、絶対空の実相はあらゆる対立を超えているが故に、八不の正観を以つて直ちに無自性空を覚り、五十二位の菩薩の階位を経て一念の内に六度万行を修し、自証と化他の行業を成ずるのである。随つて心の本来不生不滅等を覚るというので覚心不生心と名づけ、これは暫く三論宗の所説に当るのである。

但し真言行者はなおこの様な遮情・否定の一門に停滞してはならぬ。

8　一道無為心

仏が先に声聞乗・縁覚乗・菩薩乗の三乗の法門を説かれたのは、やがては一仏乗に帰入せしめんがための方便であつた。かくて仏は、菩提樹下に初めて成道したのではなくて、本来久遠の昔に成仏してその寿量は無辺であり永遠であつたのである。それを衆生は知らざるために、仏は先ず声聞・縁覚の二乗の教えを説いて誘い、次に菩薩の三乗教を示し、漸次進むにつれて出世の本懐たる一仏乗を説かれたのである。随つて一切衆生も草木国土も悉く仏性を有し、その故に成仏する事が出来ると説いて居られる。かくて万象悉く真如の一実に帰し、みな一如の法性を具えているのが本来の相である。

さてこの理を観ずるのに空仮中の三諦を以つてする。万象は真如より縁起せるものなる故に無自性にして空であり、しかも縁生のものはそのまま現存する故に仮有である。有ではあるがその有の実相は無自性の空であるから有即空であり、空というても有を離れては無いのであるから空即有であり、これを中という。かくて空と仮有と中と、これを空仮中の三諦と称し、この三諦を一塵一法に対して観ずるのである。

しかもその所観の対象は、地獄、餓鬼、畜生乃至仏界の十界に及び、その十界各々にまた十界を具して百界となり、更にその各々に就いて十如是―相・性・体・力・作・因・縁・果・報・本末究竟―を、観じ、それをまた、衆生と器と智正覚の三世間に配して、この三千の法門を一念の内に観ずるを一念三千の理法というのである。かくてあらゆる為作造作を離絶したる無自性空の至極に直入する故に、この住心を一道無為心と名づくるのである。

要するに、一実真如の理が森羅たる万象として縁起する故に事と理が無碍し、この事理無碍縁起の万象を、空仮中の三諦若しくは一念三千の理で観ずるのが天台の法門で、この住心は正にそれに相当するのである。

但し真言行者にありては、一実真如と雖も遮情の至極にして、むしろそれは漸く神秘実在の宝処に向かう関門にしかすぎないと知るべきである。

9　極無自性心

森羅たる万象、即ち事々物々も悉く真如法性の理より縁起せるものであるから、恰も波と水との如く事と理と無碍している。しかも事の無自性なるは本よりながら、理もまた無自性である。随つて理を土台として居り乍《なが》らそれより生起せる事と事との各々も、お互いに無碍し縁起し合うていること恰も波と波とが互いに水を通して相ひき合うているが如くである。即ち一の中に一切を摂し、一切はまたどの一つにも集まつている。かくて法界を挙げて重々無尽の縁起にして、至極無自性なる所がそのまま我が心の内容であり、それがまた仏身の本質なのである。これを極無自性心という。この様に真如法性の理もまた無自性なりと知つて無尽縁起の法界に目醒める時、初めて遮情の至極を超えて神秘実在の荘厳たる秘密仏の境地に入る事が出来るのである。

この極無自性心は、事々無碍法界や十玄縁起の理を説く華厳宗に当るのである。

この処はまた金剛頂大教王経の初めに説かれている。即ちそれに依ると一切義成就菩薩たる釈尊が、菩提樹下に坐して正覚を開き、真如法性たる一道無為の空理に停まつてそれに蕩酔していた。その時、虚空界に満つる神秘実在の仏が無尽無数に姿を現じて、異口同音に声を発して釈尊を空理の眠りより驚覚し、ここに釈尊は真如法性も亦無自性と知つて空定より立ち出で、秘密仏の加持を受けて秘密荘厳の宝処を開かれたのである。随つてこの住心は正に遮情尽きて表徳門に入る転機をなす所である。

10 秘密荘厳心

遮情極まつて今や秘密の心眼が開かれた。所謂心外の礦垢ここに悉く尽き、曼荼の荘厳この時漸く開け来る。

即ち、大宇宙はそのまま法爾《ほうに》の仏身にして、生命（五鈷金剛）と福智（宝珠）と慈悲（蓮花）と活動（羯摩）と乃至無尽の性徳を具えたる神秘の大実在である。

この性徳がそのまま縁起して天地に連なる万象となつて満ちている。随つて全体は常に一の中に盛られ、どの一つも全体に通じている。一定の中心はないが、捉えた所がどこでも中心となるから、各々に自らを建立し一門に普門を開いている。

正に秘密荘厳の曼荼羅海会である。かくて我等もまた大円鏡の如き仏性を具有する。それを普賢大菩提心というのであるが、この菩提の本質を現世に開顕すべき機能として、我等の身語意が与えられてあるのである。

随つて全くはからいなき普賢大菩提心に住すれば、円明の心鏡は一切を照してその中にすべてを映し、印を結び真言を誦じ三昧に入れば、身語意直ちに大実在の光を放つて仏と成るのである。大師は是れを『一生に秘密荘厳の仁と成る』と仰せられ、更に詳しくは『究竟して自心の源底を覚知し実の如くに自身の数量を知了する』と仰せられている。ここに『自心の源底』といい、『自身の数量』というは神秘の大実在の心と身にして、それがそのまま真実の我が身心の内容として体験されるのである。何故かといわば、真実の我が心とは恰も大円鏡の如く、万象の姿をそのままに容れて映し出して居り、随つてその中の事々物々は悉く我が身の数量となるからである。即ち正に我れは大実在と致一するのである。この様な体験を成就するのが人生の至上の目的であり、この処に表徳門としての密教の宇宙観・人生観も成立つのである。

以上秘蔵宝鑰に説かれたる十住心を概観したのであるが、世間の宇宙観・人生観より段々向上して、遂に最高なる密教の人生観に至るまでの経路を十に分けて示したのである。何故に密教のそれは最高であるかといわば、神秘なる大実在をそのままに体験し成就するからである。前の九種の住心はこれに至る道程と見てよい。即ち、遮情は結局表徳のために取られる手段にしかすぎず、前九種住心に於いて漸々に遮情し尽し、かくて第十の秘密荘厳、神秘体験の表徳が開け来たのであり、これが人生の至上の目的なのである。何故かといわば、それこそ端的に宇宙の本然たる大実在に帰りそれを顕わす行業であるからである。

六　神秘体験と即身成仏義

神秘体験という事が、密教的な人生観を確立する基本をなす事は、先きに二教論と秘蔵宝鑰に依つて見て来た所である。これ等横竪の判教に依つて今や密教の立場が明らかになつた。即ち遮情的な方式を超えて端的に神秘の大実在に参し、その光に照らされる事に依つておのずからに心を碍ぎる業障の雲晴れ、本来具わる福智が開発されると共に、その道力を以つて万生の生命を加持し調えて行く事の出来るのが表徳の立場であり、この事を成就する体験の秘法が三密瑜伽法なのである。この秘法に依る限り、月を見んとて雲を払う事に追われてしまうのではなく、雲を超えて直ちに月に入り、心月かがやいて却つて雲に照り添う。かくて肉身の上に直ちに大実在を現成して行くを即身成仏というのである。

この事が何故成立つかといえば、大宇宙それ自身は本来さながらに太霊の生々たる内容を具えたる法身の仏であり、その中より限りなき森羅万象を顕現して暫くも止まぬ。ただ個々の万象を発現するに当り、暫く相互に因縁果の重々無尽の網の目の如き関係を通して生滅流続しているに過ぎぬ。随つて個々のものに就いて見れば、各々衆縁より生ずるが故に無自性空であるけれども、太霊それ自体は因果を超え相対を絶したる普遍にして常恒の生命である。

それは肉眼では分らぬけれども万象を貫いて居り、各々を生かしている神秘の実在であり福智である。即ち、個より全に向かえば有空を超えた真空なるも、全より個を顧りみれば妙有としての展開である。個の我れは本来神秘の実在としての福智を具えているのではあるが、個我への執着のために暫くかくされている。随つて衆縁所生にして無自性空と知つて迷情を遮つて行くのもよいが、ただそれだけに止まつてはならぬ。本有の福智を開き、肉身の上にそれを証し表わして行く事が本来の目的なのである。今手に印を結び、口に真言を誦じ、意その三昧に住する三密瑜伽の秘法に依る時は、遮情を超えて神秘体験を成就し、端的に福智を開いて身語意の上に盛り上げ、現実に仏と成るのであり、ここに即身成仏が成立つのである。

この様な表徳的な立場に立つて神秘実在の内容を観照し分解し組織して、それを体験する道を説いたのが即身成仏義一巻なのである。

さてこの書の初めに大師は先ず即身成仏義の教えを説きたる経論の文句を抜抄して引証して居られる。これを『二経一論八箇の証文』というのであるが、その二経とは金剛頂経と大日経であり、一論とは菩提心論である。

先ず金剛頂経では

一、金剛頂一字頂輪王瑜伽一切時処念誦成仏儀軌
二、金剛頂瑜伽修智毘盧舎那三摩地法
三、成就妙法蓮華経五瑜伽観智儀軌
四、再びこの毘盧舎那三摩地法

次に大日経では

一、大日経第三悉地出現品
二、大日経第七真言行学処品

次に菩提心論では、左の二処である。即ち

一、初めの勝義行願三摩地法の総釈の段の一句
二、最後の偈頌

右の如くこれ等の経論より八箇の文句を引いて、即身成仏という事は大師自身の独断ではなく、すでにこれ等の経論に先師古徳の提唱された所のものである事を力説して居られる。

次にこれ等の経論の旨趣に基づいて即身成仏の成立つ教理を左の二頌八句に纏めて説き、その一句ずつを次々と解説する事に依つて、所論を明らかにして居られるのである。

六大《ハ》無碍《ニシテ》常《ニ》瑜伽《ナリ》

四種ノ曼荼ハ各ミ不レ離レ
三密加持スレバ速疾ニ顕ハル
重々ニシテ帝網ナルヲ名ク二即身一ト

法然ニ具二足レ薩般若一ヲ
心数心王過タリ二刹塵一ニ
各々具ス二五智無際ノ智一ヲ
円鏡力ノ故ニ実覚知ナリ

この二頌八句の中に即身成仏の教理が悉く説かれている。この中初めの一頌四句は即身の義を顕わし、後の一頌四句は成仏という事を説く。更に細かく分けると初めの第一句は法身の実体、第二句は法身の実相、第三句は法身の妙用、第四句は法身の無碍を説き、次の頌の第一句は法爾の仏の成仏を示し、次の第二句は心識の無数を表わし、第三句は輪円の正智を説き、第四句は成仏の依り所を明かしている。

以下各句に就いて解説して行こう。

1　六大無碍常瑜伽

六大とは地水火風空識の六つの原素をいう。この中の五大は物的方面・識大は心的方面を表わす。この六大の出所を大師は大日経と金剛頂経の中に求められ、大日経では第一実際妙極の境たる𑖀字大空の内容を説ける『我覚リ二本不生一ヲ　出シ二過語言道一ヲ　諸過得タリ二解脱一ヲ　遠シ二離於因縁一ヲ　知ル三空ハ等シト二虚空一ニ』なる句に求められ、金剛頂経では月輪の中の金剛を以つて表示する所の実在界の内容を明かせる『諸法本不生ヨリ　自性離レタリ二言説一ヲ　清浄ニシテ無シ二垢染一　因業ナリ　等シ二虚空一ニ』なる句に求めて居られる。何れにしても六大は有空や物心の相対を絶せる不二の絶対界、いわば神秘実在界の内容を表わせるものにして、顕教などでいう単なる物質原素ではなく、物心不二の生命原素という事が出来る。随つて地大とは地そのものをいうのではなくて、大地の一切を載せて公平無始なる如く神秘実在界は一切万象を生成せしめて私心なき素質をいい、水大は水の万物を潤す如くにすべてを育くみ、火大は火の薪を焼き尽すが如く、一切のものの垢を焼いて本来のままの浄らかにし、風大は風の塵芥を吹き払うが如くに障《さわ》りを除いて強く生き抜き、空大は虚空の一切を容れて無碍自在なるが如きそれぞれの性徳に名づけるのである。

我等が今心眼を開いてこの大自然界を見ればそのまま花は紅、柳は緑の千姿万様を呈し、人間世界も、悠久無限なる宇宙生命の地球上に於ける生々たる展開である。随つて天地たださながらに神秘なる大実在の躍動の光景ともいえる。今これを表面より見れば地水火風空の五大の限りなき交錯となるのであるが、更に内面よりすれば識大の変現ともいう事が出来る。随つて大師は『五大等心大を離れず』と仰せられている。ここに大とは周遍を意味し、六大各々全体に遍満しているを表わす。

かくて六大の生命原素互に交錯し融通して何んの障碍もなく物心両面のあらゆる現象を展開して居り、しかもこれ等の現象の各各の六大は又互いに他の六大とも通じ合いて誠に渉入自在であり、どの一つを取つても常に他の一切に連なつている。これを常瑜伽という。瑜伽とは梵語で相応と訳し、個体のままで全体と通じ合うている状景をいうのである。

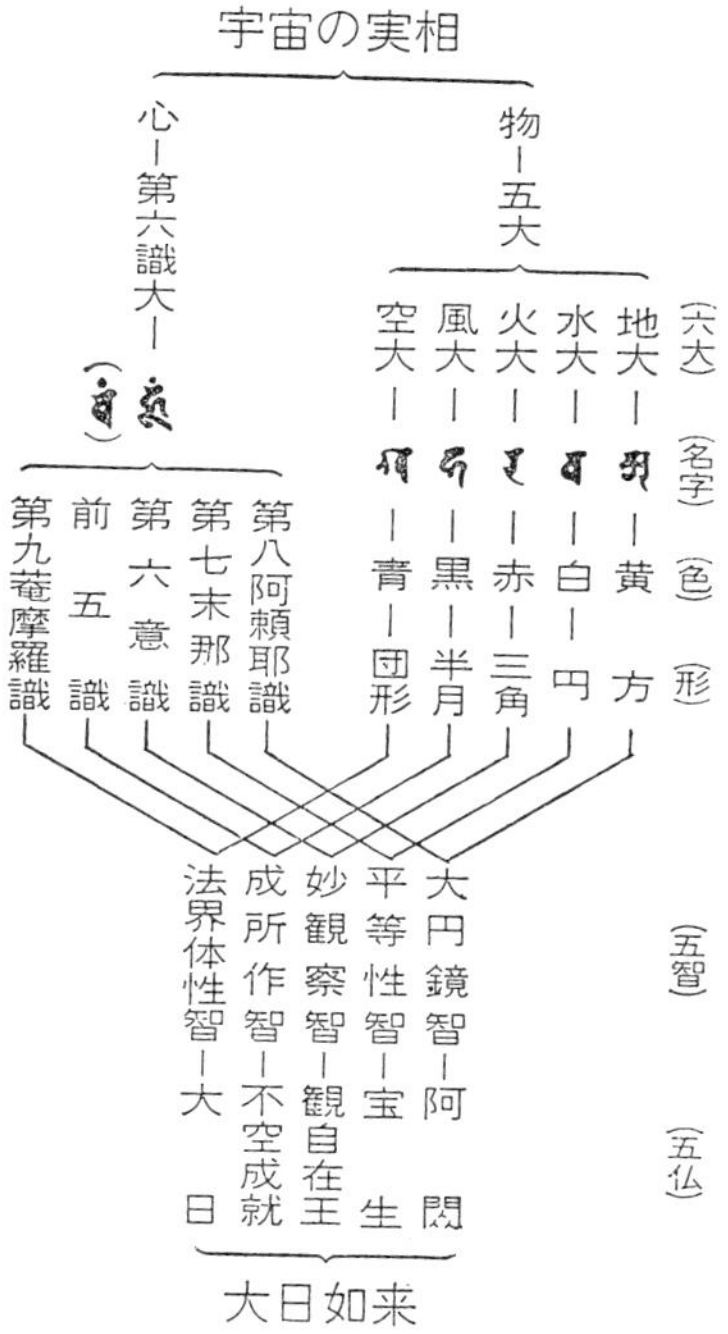

かくの如き六大無碍常瑜伽の教理を、大師以後の先徳は更に敷演して、これに色や形や名や性徳を配置し、物心の不二して法身の妙相を展開せるを説いて居られるのであるが、今はこれを一つに纏めて図示するに止める。併しこの図示の法相に執われては却つて祖師の真意を失う恐れあり、それは法相の末節に執われる法執の徒ともいうべきであろう。

2　四種曼荼羅各不離

神秘の実在を構成せる生命原素であり、そのままで法身の体性をなせる六大が重々無尽に無碍渉入して天地に連なる現象として顕現するを曼荼羅といい、これを四方面より観察して大曼荼羅、三摩耶曼荼羅、法曼荼羅、羯摩曼荼羅に分ける。

四種曼荼羅に分ける根拠をば、大師は大日経第六、本尊三昧耶品の中の三種の秘密身を説く文句に求めて居られる。即ち三種の秘密身とは字と印と形にして、字は文字を以つて表示するもので法曼荼羅、印は内心の本誓を表示する印で三昧耶曼荼羅、形はそのままを表わした姿形でこれを大曼荼羅という。この三種の秘密身の具せる働きそれ自身を特に羯摩曼荼羅というのである。

又金剛頂経にもその根拠を求められ、即ち都部要目や十八会指帰、理趣釈経等には四種曼荼羅が説かれているが、それに依ると大曼荼羅は仏の全体の相好などのままをいい、三昧耶曼荼羅は仏の内証を表わす秘密の器具や二手を組合せたる印契などをいい、法曼荼羅は仏の種字や真言等の名字をいい、羯摩曼荼羅は仏の威儀や事業をいう。

以上のように大・三・法・羯の四種曼荼羅は神秘の大実在なる法身の、妙なる現相を四方面より観察せるものである。今この四種の曼荼羅を現図の上に表わすと、諸仏菩薩の姿形のそのままを曼荼羅の区画のそれぞれの位置に配置したのが現図の大曼荼羅、その意趣を密具で表示してその位置に配せば三昧耶曼荼羅、夫々の内証を表せる種字をその位置に書けば法曼荼羅、夫々の仏菩薩の意趣たる密具をば捧げ供養している働きを姿に画いてその位置に配すれば現図の羯摩曼荼羅となる。

この様な四種の曼荼羅はその数無尽無数で虚空に満ち、しかもそれが互いに関連して、彼は此れを離れず此れは彼れを離れず、此の一の中にも一切が来たり、彼の一つにも全体が連なつている。これが法身の仏の妙相なのである。

3　三密加持速疾顕

神秘の大実在が万象個々の妙なる姿を呈し、しかもその各々はみな三つの働きを具している。即ちそれは身と語と意の上の業となつているのであるが、それが神秘実在そのものより出でたる働きなる故に特に三密というのである。この三密の各々はその内容に於いて全く一つに通じ合い一体として働く故に三密平等という。しかも六大無碍常瑜伽、四種曼荼各不離の故に、此の三密は彼の三密と互いに通じ合い、どの三密とも相ひき合うて居る。彼れが加われば此れはそれを持し、此れが感ずれば彼れはそれに応じて来る。かくて彼れと此れと、一と多と互いに加持感応しているのを特に本有三密の加持感応というのである。

この故に行者今身密としては両手の上に印を結び、語密としては口に本尊の真言を唱え、意密としては心に本尊の内証を思念すれば、己のが身語意の上に直ちに本尊の三密を映現する事恰も月の万水に影を映すが如く、現実に加持感応を成ずる。この消息を大師は『仏日の影衆生の心水に映ずるを加といい、衆生の信水よく仏日を感ずるを持と名づく』と説かれ、この加持に依つて『現身に速疾に本有の三身を証得す』と説かれて居られるのである。これを修生の三密加持というのである。

要するに大宇宙それ自体が大日法身のさながらの霊体にして神秘の大実在なる故に、計らいのなき白浄の信心を以つて、手に実在を表示せる印を結び、口にその真言を誦じ、意その三昧に住すれば、そのままで我が現実の肉身の上に直ちに神秘実在を盛り上げた事になり、所謂即身成仏するのである。

4　重々帝網名即身

今この所に帝網とは忉利天の主たる帝釈天の宮殿にかけられた網にして、網の結び目毎に珠玉を連ねているのでその玉と玉とが互いに光りを放ち、照し合い映し合うて却つて各々の光を増している如く、神秘実在界に在りては森羅万象の一つ一つは互いに縦にも横にも重々無尽に相関係し融合して全く何んの障りもなく、その事によつて却つて各々自らの個性を出し合つている状景にあるのである。即身の身とは、神秘実在界のそのままが仏身であり我が身であり衆生各々の身でもあり、これらの身はそのままでみな実在身にして、各々相対を超えたる絶対自全の立場を持つが故に、『不同にして同であり不異にして異なり』と大師は説いて居られる。

要するに万象の個々は本来同一体身の故に、相互に溶け合いつつ各々自らの立場を守り個性を発揮しているのが神秘実在の真相なのでありこれを即身というのである。

5　法然具足薩般若

前の一頌四句は即身の義を説くのに対して、これより以下の四句は成仏の内容を明かすと大師は述べられている。

成仏とは、いわば神秘実在を体験してその内容を身に証する事であるが、大日経にはこれを『実の如く自心を知る』と説いている。実の如く自心を知るとは、真実の自己を知るという事である。

自己とは何かと掘り下げて求めて行けば行くほどそれは意識の奥へかくれて行く。結局それを求めている主体が自己だからである。即ち自己とは何かと探し求める時、真の自己自身はいつも思考の奥にかくれ、遂にその対象とはなり得ない。恰も鏡が鏡自体を映す事が出来ないのと同様である。

結局鏡が鏡自体に成り切る時初めて自らを映したといい得る。即ち真実の自己は、対立するものを超えて絶対の我れと成る時初めて意識の表面に出て来る。他己においても同様で、他己を超えて絶対の己れにならねば、己れの主体はつかめぬ。かくてあらゆる対立を超え、自己を超え他己を超えて絶対の我れとなり、対象を随処において、悉くその内容となしてこそ、真の我れは輝き出るのである。これが実の如く自心を知る事である。

随つて大師は「実の如く自心を知る」という事を、更に敷衍して『究竟して自心の源底を覚知し、実の如く自身の数量を証悟す』と仰せられている。即ち真の我れは法界の頂きの大円鏡の如く、一切の万象を超えてかがやき、却つて万象の一々をその内に映し出して、悉く自からの身としている。随つて自身の数を無尽に展開して居り、その身量も又無辺という事になるのである。

かくの如き絶対の我れなるが故に、大日経には、

『我れは一切の本初なり、号して世所依と名づく、説法等比なく、本寂にして上有る事なし』と説いている。

かくの如く、真実の我れは本来法然としてあつて、数限りなき一切の智々を内容として具足しているから『法然として薩般若を具足す』という。薩般若とは梵語にして、訳して一切智々という。

6　心数心王過刹塵

このように絶対の我れはどの個体にも全現して一切智々となつているのであるが、それを眼醒めざる凡夫の心識よりいわば、心王を中心として無数の心数が集まりをなし、このような心王・心数が又無数に連なつて限りがないのである。随つて『刹塵に過ぎたり』という。刹塵とは一国土を極微にまで細分したものの集まりをいうのである。

7　各具五智無際智

もし又これを覚れる仏智の立場より見れば、各自みなそれぞれに五智三十七智乃至無数の智々を具して際限のない事となるのである。この処で五智とは、宇宙法界をそのまま絶対の一智とせる法界体性智と、その内容を四面に開いて大円鏡智、平等性智、妙観察智、成所作智に分け、一智と四智との重々の関係よりして三十二智乃至無際の智々となる。これを、『各々五智無際の智を具す』というのである。

8 円鏡力故実覚知

このように各々が一切智を具している状態は、恰も一人一人が大円鏡を以つて他の一切を照し合つているに等しく、随つてもし本来具えている円明の心鏡をみがき出すならば、直ちに一切を映して神秘なる真実在を実証する事が出来る。いわば各自の円鏡力の故に真実を覚知するのである。これがとりもなおさず成仏なのである。

以上六大無碍の二頌八句によつて即身成仏の実義を一応見て来たのである。要するに即身成仏とは、神秘の大実在を瑜伽の行法によつて肉身の上に体験する事である。

なぜそれが出来るかといえば、それは二頌八句によつて説き来りたる如く、神秘大実在においては、仏と我れと一体の身であり、一切衆生とも一体身として引きあつて、重々無尽の交渉においてあるからである。

随つて遮情的に有空や非有非空の否定論を以つて煩悩を断尽する事をしなくとも、端的に本有の大実在を体験しさえすれば、煩悩は却つて福智となつて仏の果徳を成し方便の活力ともなる。このような本質は肉身の上に開顕する事が出来るのであつて、これが表徳門の立場であり、とりもなおさず即身成仏なのである。

七　神秘体験と声字実相義

神秘の大実在は万ずの象を現じ、限りなき音声をひびかし、種々の意味を示している。いわば身と語と意の三つの働きを以つて、無尽の法界荘厳を成しつつあるのであるが、その神秘なる趣きを体験するのには、一定の音声やそれを種々に表示せる名字等に依らねばならぬ。この音声や名字が神秘の実在をありのままに表示する時、声字即ち実相となる。どのようにして声字が実相を表わすのであるか、この辺の消息を説いたのが声字実相義なのである。

大師は先ずこの一論の要旨を三つに分け、先ず初めに大意を叙べ、次に題名を解説してその内容に及び、後に問答を附すと書き出されているのである。

先ず初めに大意を叙ぶとは、凡そ仏の説法は文字に依る。ここに文字とは広くあらゆる現象の文《あや》という意味で、我々の眼耳鼻舌身意の六根六識によつて縁ぜられる色声香味触法の六境界（六塵）における文が、悉く是れ文字なのである。この六境の本質は、三世を貫き十方に遍ぜる法身仏の身と語と意の上の三つの神秘なる働きにして、それは又法界体性智、大円鏡智、平等性智、妙観察智、成所作智の五智の顕現ともいえるし、自性、受用、変化、等流の四種法身の内容ともいえる。随つて下は地獄界、餓鬼界より上は仏界に至る十界悉くに行渡つて、六境の文字が綾なしているといえるのである。

このような法身説法の文字をありのままに覚るを大覚の世尊といい、これを知らずに自らの妄執や分別をつけてはからうを凡夫という。この凡夫が自ら覚るという事は仲々困難であるので、先覚者たる仏が秘法を示し加持を施して真実の境地に入るよう指示し給うのである。

さてそのためには勝れた教えによらねばならぬ。その教えを凡夫に向かつて説くのには音声名字によらねばならず、その声字が誠に分明にして初めてよくその神秘実在の相を詮顕する事が出来るのである。今大日如来の教えたる密教の本義によつて、声字即ち実相を顕わすの義を説こう。以上がこの論の大意である。

次に声字実相なる名を解説しつつ漸次その内容に入つて行くのであるが、先ず声はどうして出るかというと、体内の気息が外へ出る時声帯に触れ外気にあつて響くを声という。その声が出る時、ものの名を表わすを字という。その名字は必ず又何等かの実体を顕わす。それを実相という。この声と字と実相との三種の条理の立ちたるを義というのである。

これは特に人の息から出る声より名字実相とたどつたのであるが、更に広く有情非情の全般に亘つて観察すると、地水火風の四大相触れて音と響きと相呼応するを声という。彼の音楽上の沢山の音程や語学上の発音転声など、皆悉く音声を待つて顕われる。この音声が何かの意味を名に依つて表わす場合、必ずその音声に高下屈曲の文字を生ずる。これが名字であるが、その名字の顕われる所以は彼の六境の実体があるからである。このようにして如何なる声字にしろ即ち何等かの実相を顕わすのである。

次に声字即実相の内容を説くのであるが、初めに大日経具縁品に

『等正覚の真言は、言と名と成立の相とは、因陀羅宗の如くにして諸の義利を成就す』

とあり、この偈は即ち声字即実相の義を説いたものである。即ち等正覚とは三世十方に遍満し給える神秘大実在の法身仏にして、この仏の語密の働き、即ち真言の音声と名字としかもその神秘の実相は、恰も帝釈天の宮殿の網の結び目毎に連なれる無数の玉と玉とが、互いに照らし合い映り合うて各々光を放つが如く、十方に示現して無量であり、所謂重々無尽に無碍渉入して居り、このような実相をばそのままに顕わしている声字なるが故にそれを法身の真言という。かくて彼の大日経の偈は声字即実相なる事を説いたのである。

単に一経の一つの偈のみでなく、暫く大日経全体についていうても、この経の具縁品や真言蔵品に説く所の諸の仏の真言は『声』であり、字輪品などに説ける諸の字門は『字』である。無相品や

秘密曼荼羅品などの諸尊の図相は『実相』である。即ち一経悉く声字実相を顕わしているといえる。更に又梵本の経の字母の初めの『阿』字の一字についても、口を開いて気を吐く時、『阿』の声が出る。これが『声』である。しかも『阿』は何を顕わすかといえば、不生の意にして、本来不生不滅の法身の『実相』を表わす故、これ又声字実相という事が出来る。

以上は経の文句を声字実相の証拠として引いて説いたのであるが、更にそれ等の根本義を明かすと、その要旨は左の一頌四句の偈に纒める事が出来る。

『五大に皆響きあり、十界に言語を具す、六塵悉く文字なり、法身は是れ実相なり。』

凡そ万物のある所、その体性は地水火風空の五大より成る。この五大相触れて天地間の一切の音響を生じている。今地獄界より仏界に至る十界には各々皆それぞれの言語があるが、この言語は皆音響より生じ、音響には高低屈曲等の文字あり、これによつて名字を形造るのである。名字は六境に依つて起り、六境はそのまま法身の三密の無尽の働きを本体としている。かくて法身如来の三密の無尽荘厳の説法が、そのまま声字即実相となるのである。

この法身如来の説法を又真言とも密号名字ともいう。その意はよくその言語文字が、実相を表示して欠けたる所がないからである。今その根源を極むるに、悉くの真言は大日如来が一切を現じ蔵する事、彼の大海が一切を印現し収蔵している如き、所謂海印三昧王に住して説き給えるものであるから、その声も字もそのままが神秘の大実在よりほとばしり出ているのである。

今は色声香味触法の六境より起る名字について総じて述べたのであるが、その中先ず色境の名字を説けば、それは左の偈に纒められてある。

『顕と形と表等の色あり、内外の依と正とに具す、法然と随縁とあり、能く迷い亦能く悟る』

今特に色境についていわば、色境には黄・白等の顕色と、方・円等の形色と取捨・屈伸・行住・坐臥等の作用を表わす表色とあり、これ等の色境は内の正報たる有情にも具し、外の依報たる器界国土にも具し、しかも、この有情も器界国土も悉く法爾自然の法身仏の三密の働きであるが、同時にそれは又無尽の功徳に報われたる報身のそれであり、又衆生の機根に応同せる応身や等流身の所謂随縁の働きでもある。要するにこれ等十界依正の法爾と随縁の三密の働きが暫く眼根に映じて色境の文字となり、それが音響の上に表われて声字となり、実相を顕わしているのであるが、凡夫は妄執や分別のはからいに陥つてそれに迷いを生じ却つて煩悩の苦しみに沈んでいる。覚者はよくその実義を覚つて、その声字より無尽の福智を開顕しているのである。

さて独り色境のみでなく声香味触法の五境についてもこれに準じて知るべきである。

最後に問答としては、これら六境の名字は何によりて生じ何によりて造られたものかとの問いに対して、これは大宇宙の神秘実在の構成要素たる五大より生じたものにして、この五大こそ無相にして一切の相を具せる法界体性であり法身の標識であるというのである。

要するに法身大日如来の三密無尽の説法荘厳より彼の声も字も真言も生じたものであつて、その限りそれを分明に観誦する事によつて直ちに神秘体験を成就し、実相を覚証する事が出来る。所謂即身成仏の勝れたる果徳を身につける事が出来る。

八　神秘体験と吽字義

神秘実在の内容を𑖮𑖳𑖽の一字で表示して、端的にそれを体験せしめようとして、吽字義が書かれたものである事はいうまでもない。

密教に於ける神秘一如の体験の境地は、世間普通の言語文字を以つてしては表現する事が出来ず、強いて表現せんとせば『有にも非ず空にも非ず、非有非空にも非ず』等の否定的な言辞を弄するより外はない。これでは体験の境地に直入するを得ず、わずかにその外廓を立ち回るにとどまる。その中軸に入り生きたままの相に於いて、如実にそれを把握するのには、その内容をそのままに言語文字等の上に象徴し、それを通じて直ちにその実在そのものを体験せねばならぬが、この所に密教の真言陀羅尼の立場があるのである。

随つてこの立場から密教の経典には字門の事が種々に説かれている。特に大日経では『𑖀字第一命』とてこの一門を展開して種々の字門を説き、金剛頂経では特に瑜祇経に於いて『𑖮𑖳𑖽字命息』として、一切の字門をこの一字に束ねているのである。

今『𑖮𑖳𑖽字命息』とは𑖮𑖳𑖽字を以つて宇宙を貫く大生命を表わすものにして、それがそのまま宇宙を貫く息となり、万生に通ずる息となつて、吽字の命息を以つて直ちに神秘なる大実在を実証するに至るのである。大師は特にこの𑖮𑖳𑖽字の意義を展開されたのが、吽字一巻である。

先ず𑖮𑖳𑖽字を字相と字義とに分ける。字相とは𑖮𑖳𑖽字の表面的な一応の解説であり、字義は正にその神秘実在を表示する意義を説くのである。

さてこの𑖮𑖳𑖽字は、𑖮字と𑖀字と𑖅字と𑖦字との四字の合成より成る。

これを字相より見れば𑖮𑖳𑖽字は𑖮𑖸𑖝𑖲即ち因であるから、𑖮字を以つて因縁を表わし、𑖀字は𑖮の母音であるから𑖀字を出して空無を示し、𑖅字は𑖅𑖡で損減の義、𑖦字は𑖁𑖝𑖿𑖦の意で吾我を現わすのである。

さて世の人はこの字相の一辺のみを知つてその奥を知らない。今この一相を通して、そのままそれは宇宙の一切相に通ずる立場よりすれば、𑖮𑖀𑖅𑖦の四字はそのままで無限実在を表示せるものにして、これを字義を知ると云うのである。

先ず𑖮字の実義をいわば、𑖮字は因縁の義なるも神秘実在の上よりすれば、因も縁も果も悉く不可得となる。

何故かといえば、一つの事象の因を見ても、それは又限りなき因縁より生れた果であり、縁を見ても亦是れ重々の因縁に依つて生じた果である。かくて果《は》てる事なく、一をとれば一切がついて来る。とらえた所がどこでも全体の中心となり、どの一つも全一の一である。随つて「因も是れ法界、縁も是れ法界、果も亦法界」という事が出来るから不可得である。要するに因縁を入門として不可得に入るを𑖮字の実義とするのである。

次に𑖀字の実義であるが、それは𑖀𑖁𑖂𑖢𑖝の本初不生の意義を表わしている。今𑖀の音は一切の言語文字の生れる母音なるが故に、一切の文字に行渡つて居り、一切を生み出しつつそれ自身はあらゆる相対を超えている。即ちものの初めである本初も不生滅であり、終りである枝末もまた不生滅である。これを本初不生という。神秘の実在は因縁に依つて生滅しつつもその際限なく、生滅を超えているが故に、生滅の当相に於いて一々本初不生を知る。これを一切智々というのであり、一切智々は大日如来の自性である。これを𑖀字を以つて示すのである。

第三に𑖄字の実義とは𑖄𑖡即ち損減を顕わす。但し神秘の実在に於いては本来損減もなければ、勿論増加もない。随処に増減はあつても絶対の増減ではないから、増減を超えたる上の増減である。

即ちその意味に於いて不可得である。

要するに𑖮字の因の執わるべきものなく、全く不可得なる故に、それは又𑖀字を以つて表わす本初不生の境地である。随つて生滅の相対を超えて不可得なるが故に、それは増減もないわけだ。これが𑖄字の実義である。雲来り雲去つても日月は炳乎としてかがやき、聳ゆる山が水に流されても虚空には本より増減なきが如く、神秘の大実在たる真仏法身は常恒に遍満している。これが𑖄字損減不可得の実義なのである。

第四に𑖦字は𑖁𑖝𑖿𑖦の吾我にして、万象を包容せる太虚空それ自身は太霊の仏身でありそのまま大我として我が内に自覚される。世間の人はこの大我の法身を見ずして、小我の尖端に執われ、その営みにのみ眼くらむ。然るにそれは諸種の因縁の和合して生ずる所と知るが故に、自性なく無常であり無我である。無我ではあるがそのまま大我としての現われであり、随つて無我の働きを碍げえない。大我が小我に出て来ては無我を示す。かくて吾我もまた不可得である。この𑖦字の一門を以つて、万象の一々に全一の大我の面目を示すのが𑖦字の実義である。

以上𑖮𑖀𑖄𑖦に分析して一々に就いて見ても悉く不可得にして、本来常住の法身大日のみ実在としています。その命息は宇宙法界に満ち万象に洩れなく通じてそれを生かしている。これを𑖮𑖳𑖽字の一字につづめて表わすのである。

随つて今、真言行者、この𑖮𑖳𑖽字を誦持しその実義を観照すれば、直ちに秘密体験を成就して即身成仏するのである。

九　神秘体験と般若心経秘鍵

般若心経は一応顕教の空般若の教理行果を説いたものである事は周く知れる所である。然るに大師は密教的な見識、特に秘密般若の智光を以つて神秘実在の内容を空の中に照見され、それは般若菩薩の内証であるとして、縦横自在に解説されているのである。

ここに空般若とは顕教に説く所にして、一切の万象は衆縁に依つて生じたものであるから、無常であり無我であり、所謂、無自性空であると知りて、あらゆる執われより解放されるをいうのであるが、何故にそれは衆縁に依つて生じ滅するかといえば、万象は各々生命を持ち、その生命の根本は共通の広場をもてる宇宙生命につながる。いわばこの宇宙大生命の限りなき展開が、万ずの生命を生み、その各々が互いに相関係して、生住壊滅を繰り返しつつ、森羅たる万象を展開しているのである。随つて無常無我の空相の中に、直ちに神秘の大実在を観照し、宇宙生命を体験する事に依つて、我執の妄念をおのずからに照破して行く所に秘密般若の立場があるのである。

この立場に立ちて般若心経を見直す時、空を説く心経の一字一句は悉く神秘の智光を放ち来り、総じては般若仏母菩薩の内証を、別しては普賢・文殊・観音・弥勒の四大菩薩の内証を示すものとなり、(ギャテイギャテイハーラギャテイハーラソウギャテイ・ボージソワカ)は大般若菩薩の大心真言となるのである。

この見識を以つて大師は般若心経の一巻を、左の五分に分けて解説されたのである。

1、人法総通分――観自在菩薩、深般若波羅密を行ずるの時、五蘊は皆空なりと照見して一切の苦厄を度し給う。

神秘実在を自在に観照する真言の菩薩が、秘密般若の智見を以つて、大宇宙の神秘の実在を体験する時、五蘊仮和合の個々の万象は、太霊的実在の全一的な表われなるが故に、執わるべき一辺の相なしと照見して、執われより生ずる一切の苦しみ障りより解脱し給うのである。

2、分別諸乗分――舎利子よ、色は空に異ならず、空は色に異ならず、色は即ち是れ空、空は即ち是れ色なり。受想行識も亦復是くの如し――普賢菩薩の内証

舎利子よ、是の諸法は空相にして不生不滅不垢不浄不増不減なり――文殊菩薩の内証

是の故に空の中には色も無く受想行識も無く、眼耳鼻舌身意も無く色、声香味触法も無く、眼界も無く乃至意識界も無し――弥勒菩薩の内証

無明も無く亦無明の尽くる事も無く、乃至老死も無く亦老死の尽くる事も無く、苦集滅道も無し――声聞縁覚二乗の内証

智も無く亦得も無し、所得無きを以つての故なり――観自在菩薩の内証

舎利子よ、神秘実在界に於いては色や形をもつた物質現象でも、他との限りなき関係に於いてあるから、自性は無く空であるが、空といつても虚無ではなくて、関係を通して限りなく顕現しつつ、象をなしてあるのであるから、空をまた色という事も出来る、いわば色は即ち是れ空、空は即ち是れ色である。同じく受想行識の精心現象に於いても亦同様にいえる。この様にして実在界に於いては現象の各々は互いに無碍し円融して重々無尽の縁起の状態に在り、そのままが実相なのである。これは、教えからいわば円融無碍を説く、華厳宗であり普賢菩薩の内証である。

舎利子よ、この様な色即是空の空の相は絶対自全の実在なるが故に、新たに生じたのでもなく、又滅しもせず垢つかず浄からず、増さず減らず、これ等の相対を超えている。これは正に八不の正見を説く三論宗の教えであり文殊菩薩の内証である。

この絶対空の中には、色や受想行識の五蘊も各々独存する事なく、眼耳鼻舌身意の六根も、色声香味触法の六境も、また然り。眼界乃至意識界なる十八界も、何れも皆第八阿頼耶識の変現にして、その実体は無い。しかも大慈悲方便の上からあらゆる仮りの法門を立てて教化を垂れている。これ

即ち法相宗の教えで、大慈三昧の弥勒菩薩の内証である。

更に又無明も無く無明の尽くる事も無く、乃至老死も無く老死の尽くる事も無く、所謂十二因縁に依つての生滅を超えている。又苦集滅道の四諦迷悟の因果をも超えている。これは縁覚声聞の二乗の内証であるが、特にこの場合の二乗は般若菩薩の分徳としての縁覚声聞なのである。

神秘の大実在は能証の智も所得の理も超えて居り、寧ろ理智不二の全一的の生命の働きをなしている。随つて全一の生命は相対の分別を以つては捉え得らるべき何ものも無い。これは正に法華天台宗の教えであり、絶対一如の妙境を自在に観察する観自在菩薩の内証である。

3、行人得益分――菩提薩埵は般若波羅密多に依るが故に、心に罣碍なし、罣碍無きが故に恐怖ある事無し。一切の顛倒夢想を遠離し涅槃を究竟す。三世の諸仏は般若波羅密多に依るが故に、阿耨多羅三藐三菩提を得給う。

この様に真言行者は秘密般若の観行に依るが故に、神秘の大実在を体験して心に何んの障りも無く、障り無きが故に怖れる所もない。一切の辺見や我見の妄想を離れて、無上安穏の楽所を究める事が出来る。一切の覚れる人々もひとえにこの般若波羅密多に依るが故に、無上正等の真実の覚りを実証する事が出来るのである。

4、総帰持明分――故に知る、般若波羅密多は是れ大神咒なり、是れ大明咒なり、是れ無上咒なり、是れ無等々咒にして、能く一切の苦を除き、真実にして虚しからず。

かかるが故に知るべし、この般若波羅密多の内容を一咒とせるこの真言は神妙にして世間の常識を超えたる内容をもち、あらゆる迷暗を照らす大智の明咒であり、財宝を以つて購《あがな》う事の出来ない無上の価値の咒であり、比較すべきもののない絶対神秘の大実在を表示せる咒である。随つてこれを能く念持せば、一切の苦悩を除き真実の効験を得るのである。

5、秘蔵真言分——故に般若波羅密多の咒を説かんと。即ち咒を説いて曰く

（ギャテイギャテイハーラギャテイハーラソウギャテイ・ボージソワカ）かるが故にその秘密般若波羅密多の真言を説くであろう。

行果よ行果よ（二乗）、彼岸への行果よ（大乗）、彼岸への最勝の行果よ（秘密乗）、菩提よ、ソヲカ（成就の祈願語）

以上は一応の真言の解釈なるも、字義の上よりせば、一字一句に無限の意義を含んでいるのであり、それは秘密般若の体験の内容たる神秘の大実在をそのまま声字の上に表示せるものにして、それを観誦する時はあらゆる業障を除いて、不思議の効験を成就するものである。随つて大師はこの咒真言を偈頌を以つて讃して居られる。

真言は不思議なり、観誦すれば無明を除く、一字に千理を含み、即身に法如を証す。行々とし

て円寂に至り、去々として原初に入る。三界は客舎の如し、一心は是れ本居なり。

要するに以上の如く般若心経を秘密般若の立場より五分に分けて、大乗小乗、顕教密教の一切の教えを盛りてそれを般若菩薩の内証たる、一咒一真言に束かね、それを念誦する事に依つて直ちにその体験を成就し、自他一切の業障を除き苦悩を救う秘法とされたのである。

なおこの秘鍵の末尾に上表文なるもの添えられてあり、それに依ると、弘仁九年の春天下に疫病流行し、嵯峨天皇これを憂慮し、大師にその病魔退散の事を下問せらる。然るに大師は身心の諸病は衆生の業障より起る旨奉答せられ、これに依つて天皇は自ら紺紙に金泥を以つて般若心経を書写し、大師は右手に文殊の利剣、左手に般若の経軸を握り、般若菩薩の三昧に住して心経秘鍵を講説し給う。然るにその功力に依つてさしもの疫病も退散の兆し表われ、夜変じて日光赫々たる有様を呈し、民心始めて蘇生の喜びを得たと伝えられているのである。

十　神秘体験と菩提心論

菩提心論は、神秘体験の真言行者の歩み方、詳しくは真言行者として如何なる志を起し如何に行ぜねばならぬかを説いたものである。

この事は先ずその題号に明らかに示されている。

即ち本題は、『金剛頂瑜伽の中に阿耨多羅三藐三菩提心を発《おこ》す論』という。金剛頂瑜伽とは、金剛の如く永恒にして最上である瑜伽の教え、即ち個体をそのまま全体に通ずる道を説く教えで、いわば真言密教の事である。この密教に依つて無上の正しく完全なるものたらんとの志を発す事の如何なるものであるかを説いた論という意である。

又この論には別の副題があり『亦は瑜伽惣持教門に菩提心の観行修持を説く義と名づく』と題されている。瑜伽とは一がそのままで全体と相応するをいい、惣持は全体がどの一つにでも収まつている事で、とりもなおさず一即一切、一切即一を説く真言密教の事を瑜伽惣持教という。この密教に於いて特に先の如く菩提心を発し観行し修持して行く事を説ける論というのである。

さて本文に入つて、先ずこの論の初めに『我れ今阿耨多羅三藐三菩提心を志求して余果を求めじと誓心決定する故に云々』と書き出されているが、この無上正等の菩提心とは如何なる心かといえば、宇宙を己のが身体として永恒に生き給う大日法身の太霊格を成ぜんとの心である。いわば万生の根本たる神秘の大実在をこの身の上に実証せんとの志なのである。一度この卓抜なる志が確立して、小さい一身の上の培いたる利養とか名聞などの余果を求めじと、心に深く誓い決意する事に依つて、今まで五尺の自己に眼くらんでそれを培う事ばかりに浮き身をやつしていた迷いの心の本拠が根底から動揺を来し、神秘実在界にましますま諸仏が、『よくぞ菩提の大心を発した、汝こそ金剛の大士なり』と証明し鼓舞して下され、随つて常に人天の有限世界に居りながら無限の勝れたる楽しみを受け、何処の世界に生れかわつても一度発した菩提心は戒体となつて心の底から離れないのである。

なお、特に真言密教では、神秘実在の世界を曼荼羅に表示しているが故に、今その曼荼羅の中の聖衆たるどれか一尊の仏菩薩等に就いて、その観行の仕方を授かり、それを修持してその仏の内証を身につけようとする事も同じく菩提心を起した事になる。

何故かといえば曼荼羅の中の仏菩薩は、皆大日法身の内の一徳を表わしたもので、大日と全く一身同体であるからである。

次にこの様に菩提心を発した行者は、如何なる道に歩み如何なる様に行ずべきかというに、それを三門に分つ。それは行願心と、勝義心と、三摩地心である。その中三摩地心だけは特に真言密教独特の行じ方であつてそれは正しく神秘体験の秘法であり、この道に依るが故に即身成仏をなし得るのであり、顕教には全く説かない所である。

先ず行願心とは『十方の含識を視る事なお己身の如し』とて、即ち一切の生きとし生けるものを視る事、全く自分と一体の身と思えというのである。密教よりすれば大宇宙は一体の法身にして、それがそのまま真実の我が身なのであるから一切衆生も全く我れと同一身なのであり、この所から同体の大慈悲心がおのずとわき出て来る。これを同体大慈悲の行願心というのである。この慈悲行願の心情に催されて一切衆生を利益し安楽せよと説かれている。

今利益とは、すべての衆生は皆我れと等しく大日の法性を具えているが故に、それを勧誘し啓発せしめて必ず無上の菩提に安住するようにする。安楽とは、等しく無上菩提に安住する素質を具えていても、それぞれ機根は異なるのであるから、衆生の心ばえの未だ幼稚な場合は、直ちに無上の菩提を説く事をせずに、寧ろ衆生の当面の願いを満たして先ず親しみ近づかしむるようにし、這えば起て、起てば歩めと漸次に方便を以つて誘い進めて行くべきである。これこそ真に大悲の中の大慈悲なのである。

次に勝義心とは、詳しくは捨劣得勝の義で、劣れるを捨て、勝れたるを取つて一所に停滞せず、限りなく向上進取するをいう。凡そ一切の万象は神秘の実在たる大日法性より顕現せるものにして、各々個々の事象は互いに因となり縁となり果となつて生滅を繰り返しつつ生きつづけて行くのである。この様に因縁に依りて生じ且つ滅するが故に定まれる自性はなく刻々にうつり変る。随つて今日の是は明日には非となる事もあり、昨日の悪も今日は善ともなるであろう。されば一辺の相に執われず滞らずして、劣れるもの、生命の進展を妨げる形骸は絶えず脱皮して捨て、勝れたるもの、根本をなす所のものをいつも執つて自らの内容となし、無限向上の一路を進むのが捨劣得勝の勝義心である。

本論ではこの勝義心を更に相説と旨陳に分け、相説では当時印度にありしあらゆる学派教宗を吟味し批判して、本来無自性の故に不断に脱皮して劣より勝に進むべき事を示し、旨陳では、如何なる自然現象や文化現象も悉く因縁より生じたものであるから、絶えずその内容の移り変るのが本来の相であり、随つて執すべき何ものないとて、無自性の本義を説いたのである。

第三に三摩地心が説かれている。三摩地とは梵語で、定とか等持とか訳し、心を収めて一つに落着かす事であるが、特にこの処では、そのための秘法が説かれている。

先ずこの段の始めに『法爾に普賢大菩提心に住すべし』とて、三摩地心の本質が説かれている。即ち全く計らいをすてて端的に普賢大菩提心を観照する。普賢とは、恰も満月の如く円明にして清澄なる心性が、鏡のように一切万象を映し、それを内に包んでそのまま自己の根底をなして居り、それがそのまま自己の心性である事を観ずることとなのである。

何故かというに、この普賢大菩提心が、衆生各々の心の本質をなしているのであるが、衆生は肉体に依れる個我の執われに眼くらんでそれを知る由も無く、貪り瞋り痴かさのために徒らに煩悩をたくましくしている。そこで仏が大悲心の上から種々な手段で以つて、無上の大菩提心を実証せしめんがため、秘密瑜伽なる神秘体験の秘法を、次々と説いて居られるのである。

1　日月輪観

これは心中に円明なる日月輪を観ずる。これに依つて虚空いつぱいに光りかがやく満月を心内に直ちに観置して、普賢円明の本質を観じ出すのである。

何故円明の月輪を以つてするかというに、この月輪の本質は全く菩提心と相応するからであり、衆生自身が知つても知らないでも厳然とそれは実在する。そしてそれを観行する内に一分の浄き性として衆生の心内に一部ずつ顕われ、恰も月の晦日より一日乃至十五日に至つて円満するが如く、遂には十六の円満の体となり、意識の表面に光りかがやいて来るのである。これは金剛界曼荼羅に於ける金剛薩埵より金剛拳菩薩に至る十六大菩薩の功徳顕現に相当するのである。

2　阿字の観門

菩提心を形で観ずるときは月輪であるが、文字で顕わすと𑖀字である。

随つて真言行者は阿字を観じて本心の中の清浄の心性を発し、次第に潔白分明ならしめて、遂には生死を超えたる仏智として身につけるのである。

何故𑖀字を以つて本心の中の自性を表わすのかというに、『阿』の声はあらゆる音声の母音であり、殊に𑖀𑖪𑖨𑖮𑖏なる不生不滅の義を表わす故に、𑖀字を以つて万象を生み出しつつそれ自身生滅を超えたる永恒の大生命を表示する事にしているのである。

随つて今これを円明の浄識として心月輪中に観じ、行住坐臥、常にその心月輪の阿字を見るに至れば、菩薩の初地に進んだのであり、第二地以上になれば、それを巻くも舒《の》ぶるも自在にして、これを放てば心月輪の量虚空に満ちて法界に遍く、巻けばそのまま自心中に収まる。この巻舒自在の修観に依りて神秘体験の一切智を具現するのが阿字観である。

3　五相成身観

これは観行の進むにつれて五つの階程を経るから五相成身観という。

初めに通達菩提心で、行者の心中に菩提の浄性として月輪を観置する。

但しこの月輪は恰も軽霧に閉された満月の如く、迷いの雲にかくされているが、併し先ず厳然と実在すると知達するのがこの位である。

次は修菩提心で、この心月輪を屢々観修する事に依つて妄雲晴れてその光りが円明にかがやき出た所。

第三は成金剛心で、この心月輪は金剛の性を具し、それは永遠の生命と、平等の価値と、清浄の聖愛と、創造の活動との四徳を具えたる神秘なる大実在なりと知るに至り、心月輪中に五鈷杵を観置するのがこの位である。

第四は証金剛身で、この心月輪の金剛を屢々観修する事に依つて、我が肉身も亦この微細金剛身より盛りあがれるものと知つて、それを身につけるのがこの位である。

第五は仏身円満で、正に完全に無上菩提を証して即身成仏する位である。

4 三密行

日月輪観も阿字観も五相成身観も広くいえばみな三密行である。

我等の身語意の三業は、神秘実在よりの顕現であるから、特にこれを三密という。身密としては、身の働きの尖鋭なる両手の上に実在を表示せる印を結び、語密としては口にその真言をとなえ、意密としては意にその三昧を観ずる。かくて印と真言と三昧とが、一つの実在よりもりあがつて、それの如実なる顕現となり、そのまま神秘なる大実在に通じて仏智を体得するに至るのである。

これらの三摩地の観行に依つて神秘実在を体験すれば、その円明の姿がそのまま普賢の身心となりて即身成仏し、過現未の三世を超え十方に通ずる無上菩提の果身として身土一体となり、そのままが又密厳国土となるのである。かくて理想の人格と理想の世界が現実に厳浄されるのである。
以上が菩提心論の要旨であるが、終りに菩提心を発す事を嘆じたる句を以つて一論の結尾とする。

若し人あつて仏慧を求め
菩提心に通達すれば
父母所在の身に
逮かに大覚位を証す

十一　神秘体験と秘蔵記

秘蔵記一巻は、大師が入唐して恵果和上より真言密教を伝授されるに当り、その教理や実修の上で口授を受けたり或いは自ら工夫したりするままに、心に閃めく端的なる体験の内容を随時書きつけられたものである。初めから首尾一貫、組織的に書かれたものではなくて、全く神秘体験の語録というてもよい。それだけに卒然と読めば、事相の上の一応の形式を、ただ承るまま思い浮かぶままに書きつけられたに過ぎぬとも見られるが、しかし、行法工夫しつつそれを読み返すうち、神秘体験の深き趣きが微妙に説き明かされている事に思いあたるのである。随つてその一章ずつをとらえてその内容を翫味すれば、悉く行法に依れる神秘体験に通ずるが故に、筆舌では到底つくし得ぬ妙味がある。併し、今は僅かにその中の二三章に就いて触れるだけに止めよう。

四無量心観の事

『慈と悲と喜と捨となり。与楽を慈となし、抜苦を悲と為し、不害を喜と為し、捨は三事に亘る。然して後、蹶跏趺坐し端身正念して支節を動ぜず、目を閉じて寂静にして四無量心観に入る。』と書き出して、先ず四無量心の各々の意義を簡単に説き、その修観の一応の行儀を明かし、かくて次に四無量心の一々に就いてその内容を解明している。

『慈無量心――慇浄の心を以つて遍く縁ぜよ。六道四生の一切の有情は皆如来蔵を具し、三種の身口意金剛を具えたり。我が修する三密の功徳力を以つての故に、普賢菩薩に等同ならしめん。』

この処に六道四生とは、六道は地獄・餓鬼・畜生・修羅・人・天であり、四生とは胎卵湿化である。即ち凡そ宇宙生命の当処より、この世に形体を具えて生れ来るその生れ方に胎卵湿化の四種あり。胎生とは人間や動物の如く、母胎より五体を具して生れるもの、卵生とは鳥魚類の如く、一旦卵で生れて孵化するもの、湿生とはかび蘇苔類の如き、湿める所を通つて生れて来るもの、化生は幼虫より蛾が生れる如き、前のものと似も似つかぬ姿で生れて来るものである。

随つて六道といい、又四生と云うは凡そこの世に生きとし生ける一切のものという意味に解してよい。

さてその生きとし生けるものは皆如来蔵を具しているというのである。

如来蔵とは仏性であるが、どのように仏性を具しているのか、今仏性とは仏としての本質であろうが、その内容はどのようなものか、それは生きとし生けるものが共通して持つているものであるから、個体を超えており、しかも個体の内に来つてその枢軸をなすものという事が出来る。

今個体に在りてその根本をなすものは生命であり、それは我が肉体内にありて肉体を支え、且つ『我れ』の意識のわいて出る所である。一体『我れ』とは何かと求めて行く、その求める主体こそ実は『我れ』なのであるから、どこまで行つても『我れ』は意識の奥にかくれて、対象となり得ぬ。恰も鏡が鏡自らを映す事が出来ぬのと同じである。ただ映す鏡が映される鏡となり、絶対の一鏡となる時、鏡自体が独り在る。

それと同じく真実の『我れ』は、対象を超えて絶対の我れとして在る時、『我れ』がそのままに打出されている。併しこの絶対の我れは、もはや対立を超えているから、時間的にはいつも今として働き空間的には我他、彼此を超えて、何処へも『我れ』として応同する。随つて今此の肉体を通せばこの『我れ』であり。同じく彼の肉体を通せば暫く彼れにありて『我れ』として意識されるであろう。これが仏性であり、随つて仏性に於いてはいつも『我れ』は、対立する『我れ』ではなくて、一切を包むものとなるのである。要するにそれは自他一切の土台をなしつつ、それらを通して自らを永恒に生きる宇宙生命であると共に、大我として内感される所のものである。

かくて『我れ』はこの様な仏性を内に蔵し、所謂如来蔵としてそれを意識するが故に、宇宙を己のが身量とし、万象を己のが心数とし、刻々をいつも今として生きる。随つて、我がこの身口意も又金剛堅固の本質となり、その尖端をこの世に開いて、常恒に大我としての『我れ』を生きて行くから『身口意金剛を具えたり』というのである。

これを体現せる人が普賢菩薩である。即ち普は一切処に遍ずるもの、賢は円満に具わるの意で、この様な大我の内容をなせる如来蔵を自覚して生きる人をいう。今この慈無量心では自他共に普賢菩薩たらんとの観に入るのである。

『悲無量心——悲愍の心を以つて遍ねく縁ぜよ。六道四生の一切の有情は生死の苦海に沈溺して自心を覚らず、妄《みだ》りに分別を生じて種々の煩悩・随煩悩を起す。我が修する三密の加持力を以つて虚空蔵菩薩に等同ならしめん』

かくの如く菩薩の本質たる如来蔵を具するにもかかわらず、生きとし生ける一切衆生は、その尖端にしか過ぎぬ五尺の肉体を我れとのみ思い、随つてそれの生き死にの事に心を労し、憂き身をやつして真実の自己を知らず、妄りに我他彼此の分別に執われて種々の煩悩を起している。

今三密の加持力を以ってその妄を開いて虚空蔵菩薩たらしめんというのが、抜苦たる悲無量心である。虚空蔵菩薩とは、大我たる自己の真価に目ざめて生きる人をいうのである。

『喜無量心――清浄心を以つて遍ねく縁ぜよ。六道四生の一切有情は、本来清浄なる事尚し蓮花の客塵に染せられざるが如く、自性清浄なり。我が修する三密の加持力を以つて観自在菩薩に等同ならしめん』

生きとし生ける一切衆生は、如来蔵性を具して居り、それは本来清浄の故に恰も蓮花の泥中にあって、それに染せられざるが如く、一度それを自覚すれば、如何なる濁悪の世に処して慾塵の中に居っても、それに汚されない。益々その自性清浄の光を増すのである。我が修する三密の加持力を以って観自在菩薩たらしめんと。観自在とは、自他の仏性の清浄なるを自在に観照して喜悦せる人をいう。

『捨無量心――平等心を以て遍ねく縁ぜよ。六道四生の一切有情は、皆我、我所及び能執所執を離れたり。法に於いて平等にして、心本より不生なり、性相空なるが故に。我が修する三密加持力を以っての故に虚空庫菩薩に等同ならしめん』

生きとし生ける一切衆生は、絶対の我れたる如来蔵性を具してこの世に生きる故に、各々が全一の一として絶対の我れを生きて居り、随つて我と我所、能執と所執等の対立を超えている。そして個々の法相は異なれども、本質は平等であり、心性も各々不生不滅の本位に住して、性と相との対立もない。各々さながら法爾自然の働きを刻々に成就しつつあるといえる。我が修する三密加持力を以つて虚空庫菩薩たらしめんと。虚空庫とは、各々皆自らの本分を捧げて供養三昧に住し、精進止まざる人をいうのである。

以上四無量心観の概要を説き来り、最後にその功徳を述べて『瑜伽行者この四無量心定を修習すれば、生きる上の種々の魔業障難を悉く皆除滅して、身中に頓《と》みに無量の福聚を集め、心に何んの頑なもなく調柔となり、真の自在を得るに至る。』と説かれているのである。

奄𑖌𑖼（おん）の事

『……凡そ仏といつぱ、有漏五蘊の身を捨て、無漏の五蘊等の微細身あり。如虚空とは、周遍法界の理を称すのみ。其体無きに非ず、諸仏の身は千灯の同時に照らして、障碍せざるが如し、唯し仏と仏とのみ、乃し能く見知し給う。凡夫の肉眼にては見る事を得ず……』

仏身は神秘の実在で、微細身として宇宙法界に満ちて居る。恰もそれは千灯の光りの互いに一つに融け合つて、何んの障碍もなく、しかも各々の灯火はそのままで、やはり光を放ち合つている如くである。そのように仏は微細法身として、森羅たる万象を包み、その各個を限りなく生かしつつ、それ等を通して自らを生きているのである。ただこの様な仏身は、神秘眼を開ける仏と仏との間に於いてのみ分る事で、凡夫の肉眼を以つてしては見えぬ。恰も水晶の球の透明なるが故に、一切万象の影を自在に映し、しかも球自体は透き通つて見えぬが、水晶として厳然と実在するが如し。宇宙も又かくの如くであり、この宇宙身が仏の身なのである。

以上の如き宇宙を、己のが身として一ぱいに遍満せる微細の仏身は、瑜伽行法の体験に依つて、始めて観見し得る境地である。

三平等の事

『……諸仏を吾が身中に引入す、是れを入我という。吾が身を諸仏の身中に引入す、是れを我入という。入我々入の故に、諸仏三無数劫の中に修集する所の功徳、我が身に具足しぬ。又一切衆生の身中の本来自性の理と、吾れ及び諸仏の自性の理と、平等にして差別無し。しかも衆生は知らず覚らずして生死に輪廻す。茲れに依つて我れ衆生のために悲愍の心を発して修する所の功徳は、自然に一切衆生の所作の功徳と成る。是れ真言行者の利他の行なり。是の故に真言行者当さに手に印を為し真言を誦じ、乃至一切の時に恒にこの観を為すべし』

真言行者たるもの、三密瑜伽の行法に依つて衆生のために祈れば、我れと仏と衆生との三平等の故に、直ちに神秘実在身を通して志す所に効験現われる。是れ真言行者としての利他の行の最勝なるものである。この故に真言行者たるもの何を措いても手に印を結び、口に真言、意に三昧を観ずる三密瑜伽行をすべきである。

四種壇法に擬して真言を誦ずる事

『……凡そ一切の病は貪瞋痴の煩悩より生ず。真言とは是れ明《みょう》なり。此の明を以つて、我れ及び病者並びに魔鬼等を照明せば、貪瞋痴の闇蔽を息む。此の観をなして加持し阿祇爾《あぎに》すべし』

（阿祇爾＝護摩）

三密瑜伽の行法、特に真言は明とも称し、これを以つてせば貪瞋痴の暗を照して病源止む。随つてこの観をなして病者等を加持し、或いは護摩供を修して祈れば、速かに病悩を除く事が出来るのである。神秘体験の秘法たるや、それは肉眼では見えぬが万象の根本をなせる大実在を把握し、それを通しての所作なるが故に、それに依つて真に病悩をも除く事が出来るのである。

秘蔵記に説かれた神秘体験の様相は実に豊富なるも、本稿に於いてはこれだけに止むる事とする。

十二　神秘体験の一道

さて前来数章に亘つて大師の説かれた真言密教の真髄はどこにあるかを、大師の作たる十巻章秘蔵記等に依つて見て来た。それはひとえに神秘体験の一道にありという事が出来る。

私の云う神秘体験とは何も人間離れのした奇怪不可思議な所作をするのではない。それは肉眼や所謂五官の感覚では分らぬが、万象の根本に天地を貫き包む根本実在あり、それを端的に把握し、それを以つて人生を意義づけ光あらしめ、生命の喜びを持ち来すというのである。

この様な神秘の実在なるものは果して在るのかという疑いがいつの世にもある。それは内容の伴わない単なる観念空想ではないかとの質問もよく受ける。私は「然らず厳然と実在する」と断言するに憚らない。私は瑜伽行法を通してこの身に幾度かそれを実証せる所であるから、実在する事を確信する。大師の説かれた密教はこの実在をあらゆる方面より説き且つ象徴し、それの体験こそ密教の独特の立場である事を主張されているのである。この点に就いては先に数章に亘つて述べて来たから繰り返さぬが、ただ最後に今の人の感覚に訴え、私の拙ない現代知識に托してその消息を伺つて見よう。

現代は科学の時代といわれる。さてこの科学の最近の動向はどうであろうか。一群の科学者達は、物質は客観的に実在するとの立場から物質の本体の何であるかを探求し続けた。科学的認識の特徴として、分析・抽象・判断という方法に依つて、先ずあらゆる物質を細分して極微に達し、それを分子と名づけた。更に分子を化学的に処理した結果、九十六種の原素となり、この原素が物質の本体という事になつた。即ち九十六種の原素が諸種に化合して所謂固体液体気体なる物質の三態を生じ、千姿万様の自然界が織りなされていると見たのである。

さてこの九十六種の原素の単位を原子というのであるが、この原子は陽電気をおびた陽核と、陰電気をおびた電子若干と、電気のない中性子との堅き結合体という事が最近に至つて解明され、更にこの構成を人為的に崩壊せしめてその組合せを変える事が試みられるに至りて、肉眼で見る事の出来ないこれらの原子が壊れて組織を変える時に計り知れざるエネルギーの発する事が発見されてより、遂にそれは神秘的なものという事になつた。かくて原子物理学では、物質の本体は物質ではなくて神秘的な力であるというのが最近の動向である。

しかもこのような原子は、地球上はおろか、真空といわれる所にも乃至宇宙一ぱいに満ちて居り、随つて大宇宙はそれ自身神秘なる力の大活動の場である事が、科学的にも実証されて来たのである。これは最近における科学的認識の結論であるが、今後更にどのように進むかは計り知れざるものがある。

併し科学的認識が如何に合理的で精密であろうとも、その認識の立場を変えざる限り、ものそのものの一面を知るだけで、全体としての真実在を把握する事は出来ぬ。

凡そものの認識態度に二つある。一つは上述の科学的認識であり、他の一つは宗教的認識と名づけて置こう。

例えばここに一茎の白菊が咲いているとする。科学的認識では、その本来の建前より、花弁と雄蘂と雌蘂とに分析して『菊とは花弁何枚、雄蘂何本、雌蘂何本、随つて何科に属する植物である。』と分析し抽象し判断して行く。これは科学的に見た菊である。それは間違いではないが、それだけで菊そのものの真面目を見ているといえるであろうか。それは一面の真理ではあるが、菊の死骸を扱うているとしかいえぬ。

菊に就いてはもう一つの認識が成立つ。それは宗教的認識ではあるが、彼の俳聖芭蕉の読める『白菊の　目に立てて見る塵もなし』の句は正にこの宗教的認識である。秋の末の清澄なる大気の中に、白く清らかに生き生きと咲ける白菊に、芭蕉は我れを忘れてとけ込み、菊そのものとなつて菊を見たのである。これこそ生きたままの菊を生きたままに認識して、菊そのものの実在を把握し、真実の菊を見たといえるのである。

科学的認識を以つて自然現象を扱えば自然科学が生れる。人文現象を扱えば人文科学となる。それは人間の物質生活を幸福にする手段となるかも知れぬが、精神生活の糧とはならぬ。航空機がとび、テレビが出来て便利にはなつても、却つて神経衰弱が増し、享楽設備がととのつても一時的な官能の麻痺にしかすぎぬ。永遠なる魂の安息は到底これ等の科学的認識の所産に依つては得られぬ。

それは何故か、科学だけではものの死骸を扱い、その皮相を酌量するだけで、真実在に融合し生命に触れる事を忘れているからだ。宗教的認識を以つて宇宙の神秘にひたり万象の生命にとけ込む時、そこに限りなき愛と安らぎと光と力を得るのである。

さて科学的認識を以つてしても、物質の本体は、原子を構成する素粒子なる神秘のエネルギーであるとの結論になつた。しかもその素粒子は宇宙に満ちているという。併しこの事は密教の阿闍梨、殊に我が大師に依つてすでに千年前に体験実証されていた所である。ただこれ等の祖師先徳達は勝れたる宗教的認識に依つて端的にそれを把握し体験し実証して居られたのである。即ち宇宙はさながら神秘なる大実在にして生滅増減を超えているが、万象はこの妙処より相互作用因縁関係に依つて変現出没極りない事を説いて居られる。

凡そこの世において具体的な形象を具えている個々のものは皆生命を持つ。即ち生命はそれぞれの形象を生み個体を通して自らを生きるのであるが、これ等の個々の生命は共通の広場を持ち、それは同一体性の宇宙生命につながるのである。いわば宇宙生命は限りなき個体を生み、その各々を育くむのに全一的な関係を以つて臨んでいる。即ち、各個体を通して全一としての自らを生きている。これが宇宙生命の真実相なのである。

この内容を密教では『一多相即』といい『全一の一』といい、比喩を以つて千灯の同照といい、雨足多なるも同一水という。更にこれを一定の形色様相に標幟して曼荼羅なる聖衆の集会となし、梵字や器具の上に表現し、仏菩薩、明王、天等の種々様々の仏像に表示したのである。要するにこれが神秘なる大実在の様相なのである。

さてこの様な実在は、現実の我れの内にどのように働いているか、それは大我の意識として目醒めて来る。

『我れ』とは何かと思いをひそめて行く時、かく思う主体が実は『我れ』なのである。結局思索に依つては『我れ』の正体はつかめぬ。『我れ』は到底対象とはなり得ぬからだ。『我れ』を空しくして『我れ』に成り切る時、対象を超えてただ『我れ』のみ在る事となる。これが真実の『我れ』である。随つていつも対象は『我れ』に一如となつて『我れ』の内容をなし、『我れ』はいつも対象を超えて大我としてのみ対象に臨む。かく意識される時始めて真実在としての『我れ』の面目を発揮するのである。この事は、宇宙大生命が我が内に全一となつて自らを現わすからであり、それが大我の意識となつて目醒めて来るのである。

さてかくの如きが宇宙の真実在であり生命の実相なのであるから、単なる科学的認識の所産に依つて物質上の幸福を享受しただけでは到底心の安まるはずがない。有限の肉体をもちつつ無限を求め、永遠の生命に融合せんとの宗教的要求は、蓋し生あるものの本然の願求である。これを密教では大菩提心を発すといい、それには『実の如く自心を知る』即ち『心自ら心を証し、智自ら智を証する』と説く。結局『究竟して自心の源底を覚知し、実の如く自身の数量を証悟す』る事に依つて始めて求道心の満足となる。いわば菩提の成就となり真実在そのものの体験となると説くのである。それならばこの様な神秘の大実在は如何なる方法に依つて体現されるのであるかというに、それはひとえに三密瑜伽の秘法に依るのである。

密教以外の他の宗派では、何れも小我への執念や個体に対する分別を破る事に依つて、僅かに実在を見ようとした、勢い遮情的な態度を以つて、ひたすら執念分別と対決したのである。随つて有即空といい、非有非空と説き、不生不滅と見て、遂には実在そのものをも空理と見る傾向が強くなつたのである。

然るに大師はこの様な態度をとり給わず、妄念執情に立ち向かうよりは寧ろ端的に真実在そのものに参入する事を以つて第一義とされた。即ち個の上に直ちに全体を盛る事を建前となされた。かくて神秘の実在をそのままに体験する事に依つて、妄情は却つておのずからに解消し、寧ろそれは実在そのものの中に満てる愛であり力であり、いわば福智なのであつた。

この様な神秘体験の一道として三密瑜伽法がある。身口意は本来実在が個を通して自らを生きる三つの門である。大師の説かれた如くそれは『即身成仏の門』である。随つてこの場合の身口意を特に三秘密即ち三密という。今身密としては両手を組み合せて印を結び、口密としては真言を誦じ、意密の上に実在の様相を思念する。かくて身口意の上に直ちに実在を盛る事となり、所謂真実在より盛り上れる我が身口意となるのであるから、そのままで真実在である。殊更に新しい別なものをもつて来る必要はない。これが此の身此のままの即身成仏なのである。

かくて個はそのままで全体に通じ合う。全体はどの個の上にも全一として顕現する。個の『我れ』はそのままで宇宙大我に生きる事となり、我が身量は宇宙と等しく万象を以つて我が身数となす。かくて『我れ』は金剛不壊の身命を体得するのである。

かくの如き神秘実在の体験こそ密教の真髄である。これが成ずれば、自らの妄念は晴れて覚りを開き、不抜の大安心と尽きせぬ歓喜を得るのである。若し又この秘法たる三密瑜伽を以つて他のために祈れば、実在を通じて距離の遠近を超え法験を成ずる。『法力に遠近無し、千里則ち咫尺なり。』と祖師も仰せられた。密教の加持祈禱もこの所に成り立ち、これこそ利他の願行、衆生済度の最も勝れたる道となるのである。何故かと云えば実在は恰も電波の如く十方に遍じて、万生の生命に通じ、それを培うからである。

密教ではこの立場より特に加持祈禱を重視し、その祈願の目的よりして、息災、降伏、増益、敬愛、鈎召の五種に大別し、更に細かく分ければ、衆生の苦を抜き楽を与うるための祈念のあらゆる秘法が説かれているのである。

さてこの様な神秘体験の秘法たる三密瑜伽の法は所謂行法として相当に複雑であるから、真言行者としては専門の修行を要するのであるが、普通在家一般の信徒としては護身法（五つの印明）を修するのがよろしく、更にもつと簡略にすれば、両手を胸に組み合掌若しくは外縛印になし、口に大師の宝号を誦じ、意に大師入定の聖容を思念すれば、それだけでやはり三密瑜伽法となり、神秘実在の端的なる体験となって、密教の限りなき法益を受くる事が出来るのであり、これを以つて他のために祈れば不思議の法験をも成就する事が出来るのである。何故かといえば、大師もまたこの三密の秘法を精修して自他の上に屢々法験を顕わし、遂にはその瑜伽の三昧を永恒ならしめ、神秘加持力を以つて後世永く衆生の福智を成就せんがため、敢えて入定なされた。即ち入定のまま神秘の大実在にいまし、微細金剛不壊の身となつて十方に加持を発揮し給うているからである。

かくて大師の信徒はひとえにこの簡略なる三密瑜伽の一法を信修して、大師の加持力を被り、神秘の実在を自他の上に成就して、人類万生の真の福利を将来すべきである。

第二部　真言密教の行証

―実修の道としての四度行法―

一　密教の修行法なる事相の在り方に就て

従来真言密教には一流の伝授ということが行わて来れた。小野、広沢の根本十二流の中、どれかの一流による四度行法や諸尊法、護摩法、灌頂法や諸作法、諸大事等の伝授をいうのであるが、主として事作法の形式、たとえば印の結び方、真言の誦え方、密具をもつての供養の仕方、道場の荘《かざ》り方とかが纒められて、それぞれ各流の阿闍梨耶《あじゃりや》（師範）によつて秘法として伝えられて来つたにすぎない。その印を結びその真言を誦えることによつて、いかに自らの煩悩罪障を払つて智見を開き、更に他方、世間や衆生の苦悩を除いて生の幸福を全うさせるかということについての工夫や祈願が一向に閑却されてきたように思われる。いわばこれらの秘法は悉く世間や出世間の利益効験等の自他の悉地を成就せんがためにこそ仏によつて説かれ、祖師先徳によつて伝えられたものなのである。然るにそれを忘れてただその形式を伝えるというだけの従来の伝授の仕方であれば、それは生命のぬけた煩わしい形骸にしかすぎず、勢いそれは人生となんの関係もないものとなり、遂にはその煩に堪えずして、やがては顧みるものもなきに至るのも寧ろ当然であろう。

しかるに、いわゆる昨今の事相家と称する人は、概ね秘法の形式を一応心得てそれで事たれりと思い、おのれ独り秘法を知れる阿闍梨として高くとまつて法をおしみ、たまたま伝授講伝といえばその形式の末節をあげつらうことで能事終れりとし、自らその秘法を精修して自己のたゆみなき懺悔と工夫、世のための深き祈願と廻向をこらすことを全く忘れてしまつている。これこそ法の形骸に迷つた法執の徒というべきであろう。

今日密教が廃れ、秘法が末徒達にも顧みられず、伽藍はあれど仏像は単なる置物や文化財たるに止まり、壇や密具はあれど塵にまみれて行法のなされた様子もないのを至る所の寺院で見受けるのであるが、この一半は、折角の秘法を単なる形骸に終らしめたこれら事相家の責任というべきである。

更に遡つてこれを考えると、大師によつて伝えられた秘法が後に野沢根本十二流に分れ、三十六派七十余方にまで派生したのは、一面からいえば事相の発展とも見られるが、他面からすれば徒らに形式のみ煩瑣を加えて外儀を調えることにおいまわされ、それを修して端的に仏の真髄にふれることの本義がいつしか逸せられてしまつた。この事は寧ろ事相としては堕落である。この際本源に立ち帰つて大師の一流に帰しそれを親修してもつぱら自他の悉地成就に向けらるべきである。

大師の書かれた真言伝授作法の中に『若し十八道を授くと雖も一尊法を授くべからず、一尊法を授くと雖も金剛界を授くべからず、若しその後の心相を見て尚懈怠なくんば、其の歳の四十に成るの時、金剛界を授くべし云々』と誡しめられたように秘法は徒らにその数の多くを受ける必要はない。

ただ一法でよい、それをひたすら繰りかえし修して自己の工夫にこそ精魂を傾けるべきである。古来一道に徹すれば万芸に通ずという。密法においてもまた然りといえよう。

大師はその求道青年の頃、師の勤操大徳から虚空蔵求聞持の秘法を受けられた。勤操は一度大師を見るや『汝に博洽の相あり、この一法を授けん、専修工夫せよ。』と、ここにおいて大師は諸縁を放捨し大学も中途退学してこの一法をひっさげ、嶮山に登り巌頭に坐り、身命を山野にさらして苦修練行をつづけ懺悔工夫すること一年有半に亘り、遂に神秘の霊光天地宇宙に遍く満つるのを実証され自らの迷いを払われたのである。

求聞持法は終始虚空蔵菩薩の一印一明によつて十八道立てに編まれた簡明直載の秘法である。大師がまずこの一法に徹して、端的に宇宙の真実際に悟入されたのもさこそとうなずかれる。この求聞持修行における体験が土台となつてその後に大師の非凡なお働きが展開され、その弘め給うた密教が真に人の心の琴線に触れ、世を潤す生きた宗教として今日にまでも流布されたゆえんである。

われらも又大師の如くまず一法を修して工夫すべきである。秘法を通しての自己のたゆまざる工夫と世のための深き祈り、これこそわれら真言行者のひたすらなる生きるべき道である。

このような見地に立つて四度の行法を概説してみることにした。私はかつて高野の山奥の真別処に設けられた事相講伝所に在住奉仕すること四ヵ年半、この間相当多数の加行者に四度の行法を伝授した。これらの行者は概ね若い知識人が多いので、従来のように通り一遍の印明の形式だけを授けて拝ませただけではどうも自他共に意にみたぬものがあり、一応彼等が事作法を覚えた頃を見計らつて更に行法の内容や印明の解説、それを修することによつていかに工夫し、いかに仏を実証するか等をも参酌して講伝した。

しかるにこれら受者の中にこれを一本に纒めて発表してほしいとの要望もあり、ここに取りあえず略述する次第である。求道修練の士の一助になれば幸いである。

二　四度加行法の概要

普通いわゆる加行《けぎょう》として行ずる行法を四度というのであるが、度は度流で生死の河を渡ることであり、そのための秘法を四種の段階にわけて四度というのである。加行とは加練の意味で種々方便の行を積み加えて修練して行くをいう。随つて加行はおのずから或る目標に向つての練行であり、その目標とは伝法灌頂である。伝法灌頂は八祖から嫡々伝えられた金胎両部大日の秘印明を受けて密教の阿闍梨として世に立つための法儀であるが、この灌頂を受けるに堪えた器となるために加行をするのである。

その加行の内容を四段階にわけて四度といい、これを十八道、金剛界、胎蔵界、不動法付護摩、とするのである。大師の当時は必ずしも現今のように四度にわけておらず、弟子の機根に応じ随時取捨して練行せしめたものであるが、時代がたち教団が大きくなるにつれて修行の段階にも一定の規矩が必要となり四度にわけるようになつた。それがいつの頃にどのような事情でだれによつてなされたか等の詳細は学問的な研究をまたねばならぬ。

然し大師もすでに『真言伝授法』の中に仰せられた如く、まず十八道、次に一尊法、金剛界、胎蔵界、護摩と大体次第されており、後に宗意律師なども十八道の次に不動法、それから金剛界、胎蔵界、護摩と順序されているように、行法それ自体の内容からいつてこのような順序次第によるのが自然のように思う。もつとも現行のものは十八道から直ちに金剛界を行ずることになつているが、しかし護摩を即檀護摩の次第にして不動法をつけているからその欠を補うことができる。ただ伝授の阿闍梨がそれをよく心得て指導さえすればそれでさしつかえはないと思う。

さておよそ密教の秘法をその行ずる形式の上から分類すると、次のように念誦法と護摩法と灌頂法とである。

- 念誦法
  - 小法立
  - 中法立（別行立）
  - 大法立
- 護摩法
- 灌頂法

念誦法はいわゆる行法という部類のものをいい、その内容は、護身し結界し勧請し供養して、本尊と入我々入し、本尊の三昧を示現して行く形式になつており、一言でいうと『入我々入三昧示現の形式』とでもいうことができる。

護摩法は、必ず壇に炉を切つて火を焚き、薪を加え、供物を焼いて煩悩業障の消滅と所願の成就を祈る形式であるから『焚焼除災の形式』といえる。又灌頂は必ず眼を掩い曼荼羅に引入し、投花得仏して秘法を受け修するから『投花伝授の形式』といつてよい。

以上の三形式に分類できるが、その中、まず念誦法は更にその内容の広略に随つて、小法立、中法立、大法立にわけることができる。小法立は護身帰命法や阿字観略作法、御加持作法などのように印明の数も少なくてごく簡略に編まれてあるものである。中法立は主として曼荼羅の一尊一尊を別々に拝む行法であるから別行立とも名づけ、又一尊の行法だから一尊法ともいう。しかもその中の結界法に属する印明の数によつて、二種別行立より十種別行立まであるが、十八道は二種別行立に属し、護摩に付ける不動法は五種別行立の行法である。

次に大法立は印明の数が沢山あつて大分複雑となつており、ここでは両部曼荼羅を拝む金剛界、胎蔵界の行法がそれに当る。これは一尊だけを拝むのではなく、曼荼羅の諸尊をすべて拝むから一尊法を別行立というのに対して、都法立というのである。

次に護摩は必ず炉に火を焚く焚焼除災の拝み方であるが、加行の護摩の場合は不動法が付いている。

このように一尊の行法の中に護摩法をはさみ、壇をかえずにそのまま護摩に移つて行くのを即壇護摩といい、不動法を別壇で行じ終り、壇を変えて護摩だけ行ずるのを離壇護摩という。随つて加行の場合あえて即壇護摩でなく、不動法だけをさきに拝み、別の壇で後から護摩だけを焚いて拝んでもさしつかえはない。

四度を全部修し終つて最後に灌頂を受け密教の阿闍梨となるのであるから、とにかく一人前の密教々師として世に立つためには、念誦法、護摩法、灌頂法の全体を一応行ずることになるのである。

四度加行
- 十八道
  - 加行
  - 正行
- 金剛界
  - 加行
  - 正行
- 胎蔵界
  - 加行
  - 正行
- 護摩
  - 加行
  - 正行

以上四度の行法をひつくるめて概観したのであるが、実際に加行としてこれを行ずる時は、四度各々をまた加行と正行に分け、ある期間加行を行じてから正行に移つて行く。

この場合前の正行が次の加行となつて行く。例えば十八道の正行のために、まず懺悔滅罪の行として百八遍（或いは廿一遍）の礼拝をして読経し真言念誦するいわゆる礼拝加行を行じ、次の金剛界正行のためにさきに行じた十八道の正行をそのまま加行として行じ、胎蔵界の正行のために、金剛界の正行をそのまま加行として再び行ずるという工合である。

その日数の如きも、昔は加行も相当長期に亘り、しかも必ずしも一定してはいなかつたようであるが、後には段々日数を定めるようになり現在は最略加行三七日、正行一七日にしているのである。

現在のわが宗団の制度では、社会に立つ資格を取得するために短日月でこれを行じ終ることにしているがこれでは修道の上の真の工夫をすることは不可能である。ただ漸く密教の行法の一応の形式を学び心得るというだけにしかすぎない。そこで実際に真の修道をして行くには、一応加行や灌頂のすんだものが改めて求道の志を起して、何か一尊の行法を定め、それを生涯をかけて根気よく実修工夫するのがよいと思う。その場合前に一応形だけの上でも行じた四度加行が、今度は修道内観の上の好資料となつてくるのである。随つて真言行者はたとえ加行のすんだものでもそれで行を成し終つたと思うのは間違いで、四度加行終了をもつて真実の行への最初の階段とし、更に一尊の行法を日々に魂を込めて行ずることそ肝要であると思う。

三　密教行法の立場

凡そ四度加行に限らず、広く密教の行法を三密瑜伽行という。三密とは身語意の三つの働きをいうのであるが、特にこれを密というのは何故かというに、凡そ大宇宙はそれ自身神秘の実在にして、それは肉眼では見えず、個体を超えて遍満しており、その中より無数の個体を生み出して森羅たる万象を形造り、それを通して自らを限りなく表わして霊的な働きをつづけている。その働きが個体の上に表われる時は必ず身語意の三つを通じてなされる。即ち、身語意の三つは、神秘実在の働きの尖端であり門であるという事が出来るから、特に密と云う字をつけて三密という。密とは秘密の略称で、神秘という事である。我等も又神秘の実在より個体を以つて生れ出でたるもので、随つて我が身語意は本来は三密としてそのまま神秘実在に通じ、乃至一切に通じているのである。

然るに我等はそれを知らず、ただ与えられたる肉体の上の眼耳鼻舌身の五官の慾楽に耽《ふけ》り、我れをして五尺の肉体に限られたるものと思い込み、この小なる我れを守り、それの幸福と名利とに眼がくらんで神秘実在の光を見る事が出来ない。恰もそれは雲に隔てられて折角の満月を見る事が出来ないのと同じで、全く光がささぬから心がくらくなつている。この様な心境を無明という。この無明の心で種々の妄念を逞しくするから悉くが煩悩となつて穢れて来る。それに依つて自らも苦しみ他をも損い、種々の罪や障りを造つてしまうのである。

今日の民主々義も個人主義も資本主義も社会主義も、この様な無明の上に立つて行われる限り、必ず至る所に罪障を作つてやがて行詰りを来すであろう。

そこで人は先ず無明の雲を払つて心の月輪を見る事がその生活の第一義であらねばならぬ。即ち何よりも先ず我等の身語意をしてそのまま神秘実在に通ぜしめる事に心を置くべきであるが、それにはどうするかというに、身密としては手に印を結び、語密としては口に真言を誦え、意密としては意その三昧に住する。手に結ぶ印は実在を十指の上に示したもの、口に誦える真言は神秘をそのまま端的な語に顕わしたもの、意に観ずる三昧は、印及び真言と同一実在の内景を意に観ずるのである。かくて印と真言と三昧とがひとつとなり、所謂身語意一致する時、直ちに神秘実在に通じ実在そのものとなつて来る。これを瑜伽というのである。瑜伽とは梵語にして、昔は相応と訳しいわば個体をこわさずにそのままで全体と通じ合う状態をいうのである。この様な形式で行法をして直ちに実在を体験する秘法を、三密瑜伽法というのである。密教の修行法は、悉くこの三密瑜伽の形式をなしている。

随つて大師も『真言密教は三密を門となして即身成仏す云々』と仰せられているのである。

第二に瑜伽行法をする者は、仏の子であり金剛薩陲であると自覚すべきである。我等はすでに神秘の実在より出でたるものであるが、それは必ず父母和合の縁を借りて此の世に生れる。凡そ人に限らず個体を具して生れて来るものは、種々な因縁を仮らねばならぬ。一粒の種が芽生えるのにも土や水や熱等の縁に依るものであるが、我等も又実在そのものより父母和合の縁をかりて生れ出たのであり、随つて生れ乍らにして仏性を内に具えている。我も他も乃至一切衆生も、同一仏性よりただそれぞれの因縁を異にして生れて来ているというにすぎない。随つてわれはどこまでも仏の子であり、一切衆生とは生命を分けたる同胞であり、各々内に神秘の実在たる遍照金剛の本質を蔵している金剛薩陲であるといえる。

密教では神秘の実在を遍照金剛と云うのであるが、遍照は遍く照らすで、木の葉一枚、砂の一粒も悉く同一実在の顕われにして等しく仏の生命が通うているから遍照といい、又金剛とは、金剛石の堅固にして壊れぬに喩えて、実在たる仏はそれ自ら不滅の大生命であるから金剛というのである。この様な遍照金剛の本質を、われも又内に具えて此の世に生れているから、金剛薩陲というのであるが、薩陲とは梵語にして有情とか人とかと訳するのである。

かくの如く、われは金剛薩陲なりとの自覚をもつ事が、行法をするものの根本の心構えとなるのであるから、如何なる『行法次第』にも、先ず最初にこの事が『房中より道場に至る作法常の如し』

として書き出されてある所以である。

さて第三に、われは金剛薩陲即ち仏の子として神秘の実在に、直接に対面して、三密瑜伽の行法をするのであるが、神秘実在はそれ自身絶対の霊格にして、いわば大宇宙をおのが身体として万象を内に包み生かしている。かくの如き実在をそのまま法身仏というのであるが、法身とは所謂法界身で、宇宙法界を以つて自らの身体となし霊格となしているから、かくいうのである。

この様な神秘実在たる法身の身語意の三密の活動が、森羅たる万象の働きとなつて展開しているのである。随つて大師も又『法身の三密は繊芥に入れども迮《せま》からず、大虚に亘れども寛《ひろ》からず、瓦礫草木を簡《えら》ばず、人天鬼畜を択《きら》わず、何れの処にか遍ぜざる、何ものをか摂せざらん』と説いて居られるのである。

さてこのような法身を行法の対象として拝む場合は、一定の印を結び真言を誦えその三昧に住する事に依つて、それを体験するのであるからここに当面の本尊としては、法身の内証の種々の徳を一定の形に表現せる仏に向う事になる。この場合、宇宙法身を根本仏といい、一定の形に表われ給う当面の本尊を応現仏という。即ち応現の仏は、法身自らが、人の心性を刺戟してその手を通り鑿を経て、自らの姿を木材の上に彫像となりて表わし、又彩管を通つて画布の上に画像となつて応現し給うのである。随つて密教では木仏、金仏、画像の仏も皆、法身の応現であり、単なる偶像ではない。経にも『諸仏の慈悲は真より用を起して衆生を救摂し給う』とあるように、真実在の法身がそのまま働きを起して応現し行者に向い給うのであるから、この様に一定の内証をもち、それを姿に表わし給える応現仏を当面の本尊として、三密瑜伽の行法を修するのである。

かくて所定の印を結び、真言を誦え、三昧に住する時、この三密行を通して、行者と、当面の本尊と、宇宙法身たる神秘実在、乃至一切衆生とも平等なのである。これを三平等というのであるが、この三平等観を、三密瑜伽の行法に依つて実際に成就体験する所に、密教行法の立場がある。

以上密教行法の根本の立場は、勿論四度加行の行法にも通ずるのであるから、特に一章を設けて説いた所以である。

四　十八道の行法

十八道の行法次第は、その昔大師が恵果阿闍梨の口説に基づいて『十八道念誦次第』、もしくは『十八契印』又は『梵字十八道』として編纂されたもので、恐らくは大師はこれをもつて自らの行用ともなされ、又弟子達にも修せしめられたものであろう。

十八道というのは、十八の印明が基となつて組み立てられた行道であるから、そのように名づけられたものである。その十八とは、荘厳行者法としての浄三業、仏部、蓮花部、金剛部、被甲護身の五、結界法としての地結、四方結の二、荘厳道場法としての道場観、大虚空蔵の二、勧請法としての送車輅、請車輅、迎請本尊の三、結護法としての結界、虚空網、火院の三、供養法としての閼伽、蓮花座、普供養の三である。これを頌に作つて普通に『身五界二道場二、請三結三供養三』という。

この十八の印明によつて、仏を神秘実在界から、行者の心壇たる壇上に迎えて供養するのであるが、その目的とする所は、この仏と行者と互いに加持し感応して、仏の性徳を悉く行者の身の上に実証する所の念誦法にあり、更に後供方便法がその後に附けられて、さきに迎請した仏を、神秘実在界に撥遣して送るのである。

十八道の次第に限らず、密教の行法は大体このような組立てになつているのである。

さて行法の分類からいうと、この十八道は別行立でしかもその中の結界法の印明が二つであるから、二種別行立の行法であり、中院流では智拳印に住し給える大日如来を当面の本尊とするから、大日の一尊法ということができる。

今その内容を左の九段にわけて解説して行こう。

一、荘厳行者法――護身法

二、普賢行願法――加持香水より普供養三力まで

三、結界法――地結と四方結
四、荘厳道場法――道場観と大虚空蔵
五、勧請法――送車輅より迎請まで
六、結護法――結界より火院まで
七、供養法――閼伽より礼仏まで
八、念誦法――初めの本尊加持より正念誦本尊加持まで
九、後供方便法――後供養より撥遣護身法まで

以上

1　荘厳行者法

これは行者を荘厳する法というのでいわば真言行者が一座の行法を修する場合、まず行者としての身仕度をととのえる作法である。入堂に先だち手を洗い、口を漱ぎ、自室において浄衣をつけ袈裟をかけて、われは金剛薩埵なりとの三昧に入ることから始まる。金剛薩埵とは、遍照金剛の本質を具せる人の意で、われは神秘実在の仏から生れた仏の子であるとの自覚をもつて道場に上る。

次に本尊に向かつて身を端正にして立ち、五体を地に投げて三礼する。そして登壇し、半跏端坐して、衣儀焼香等の所作終り、塗香を両方の掌や十指に塗り、更に指を組み掌を胸にあてて開き全

身に塗るかまえをする。

この時に五分法身を我身の上に瑩《みが》き出すとの三昧に入るのであるが、五分法身とは、戒と定と恵と解脱と解脱知見である。この中、始めの戒が後のものを生み出す母胎となる。戒とは何も窮屈に人間生活を縛る規則をいうのではない。戒の本来の目的は人間の肉慾を適度に節制する事で、これによつて内外光潔にして身心の無垢を期する、いわば身も心も健やかにすつきりすることである。かく身心爽快であるから、まるで澄み切つた山間の湖の波一つ立たないように落ちついた禅定心が生まれる。

波が立つ間はぐるりの景色がちぎれちぎれにしか映らないが、静かに澄めば、そのままの姿を映し出すように、禅定によつてととのえられた心魂にこそ真実在は初めてありのままの姿を表わすから正しい覚りが開ける。そうなれば今まで泡の様な一辺の相に眼がくらんでいた執念が晴れて心の誠に自由な解脱を得、この境地から迷つていた昔を省りみて、われは今真に解脱したとの知見を得るに至る。この五つの経過を経ることによつて真実在としての法身が我が身の上に瑩き出されるのである。

しかも、それは初めの持戒生活から生み出されるのであるから、塗香を塗ることによつて特にこの戒を身につけ身心の光潔を保つて次々と五分法身にまで及ぼすのである。

さてこのように用意した上で護身法を結誦し、真言行者としての身仕度をととのえる。まず浄三業では行者自身の身語意の三業を浄める。我が身体は、本来神秘の実在から生れ出でてその内容をこの世に顕わすべき機関である。いわば仏の生命を盛るべき器であるが、それを知らぬままにその中に罪業を盛り込んで穢してしまつた。そこでそれを内からきれいに洗い浄めて本来の器にかえすのが浄三業である。随つて清浄を表わす蓮花合掌の印を結んで身の五処を加持するのである。

この器の中に仏の身密を盛り込むのが仏部で、仏頂印を結び、仏の神秘実在の頭頂を盛り上げる勢いにする。

次に仏の語密を開敷した八葉蓮花の印にして行者自身の口に盛り上げるようにする。開いた蓮花は慈悲を表わす。仏の語はすべて大慈恵心からわき出るから、慈悲の蓮花をもつて語密を表わすのである。

次に意密を盛り込むのであるが、これは三鈷杵の印で下腹部につける。仏の心意は妄念を破るから金剛杵をもつて表わして金剛部といい、それを行者自からの心底深い所に置いて一切に通ぜしめるようにする。

かくて行者の浄められた肉体の中に仏の身語意三密を盛り上げ、正に仏の子としてここに生れかわるのである。

このようにして生れかわつた仏の子が、内に金剛の本質を具えた金剛薩埵として世に立ち向う場合、この現実の世間は血みどろな煩悩罪業の荒れ狂う巷であるから、更に甲冑の印を結んで身を護り心を堅めねばならない。但しこの甲冑は大慈悲心を表わしたもので、慈悲の甲冑を身心につけて世に立ち向えば、慈悲に刄向かう敵もなく、却つて敵でも害心をすてて味方になつてくる。

かくて行者自身、護身法によつてまず仏様を迎えるための身仕度をし終つて、これから次の段階にすすむのである。

2　普賢行願法

すでに行者としての身仕度をととのえ終つたので、これから何のために仏様をお迎えするのであるが、その事由を真心から表白して所願の成就を祈るのがこの一段である。普賢の普とは『一切処に遍ずる』をいい、賢とは『最も妙善である』状態をいう。一ぱいに盛りたたえた水のように、又満月の円明で欠けた所のないように、生きとし生けるものは神秘実在の内容をみな夫々に共通して湛えもつている。これを普賢大菩提心というのであるが、今この普賢の本質を、自らも体験し、一切のものの上にも現わして行こうと念願し、いそしむことを願行というのである。要するにこの普賢行願をこの世に成就して行くことのために仏様をこの処に迎えるのであるから、今行者の身仕度も終つて、ここにその事由を表白しその加護を祈るのがこの一段である。

そこでまず香水を加持して内外に洒ぎ、不浄を払つて純一な心にかえり、供物を加持して浄め、かくて念珠香呂を持ち、金二丁して恭しく表白する。表白はこの行法を修する事由を文に綴り、微音に誦じて祈願をこらすのである。随つて赤心を披瀝して真心から表白するのがよい。

次に神分であるが、これは特にこの普賢行願を成就して行くのには、天神地祇等の神々に外より護つてもらわねばならぬから、そこで外金剛部の天等を始め、権類実類の神々、更に日本総鎮守の天照大神等、高野山であれば特に丹生高野両大明神を加え、終りにはいわゆる新興宗教の神々、即ち当年行疫流行神などに至るまでも、悉く密教外護の神として、まず般若心経の法楽を捧げ続いてそれぞれ仏名を唱えて祈願するのである。

次に五悔であるが、これもその内容はさきの表白と同じである。ただ表白はその行法の都度、内容を変えてもよいのであるが、五悔はどの行法の場合でも共通の普賢行願の文句として定まつているから変えるわけには行かぬ。それは帰命、懺悔、随喜、勧請、廻向の五段になつている。

初めに帰命の句は、仏に絶対帰命することであり、その処より自らを省りみれば、過去に犯した罪業が今更に明らかになつてくるので、それを悉く懺悔するのが次の懺悔の句である。この様に至心に懺悔すれば、当然仏の徳に喜んで随おうと願うようになる。これが随喜の句である。随喜すれば又当然仏を勧請して供養し、その徳を実証しようと誓う。かくてこのように懺悔し随喜し勧請したてまつる功徳を、自他の一切に回向しようと願うのが最後の回向の句である。

このような普賢行願は、結局無上正等の菩提心を発す所の発菩提心となり、この菩提心の行者に対して仏の方からよくぞ菩提の心を発した、汝こそ金剛薩埵なり、とその戒徳を証明して下さるのが次の三昧耶戒である。

さて次に発願の句を至心に誦じて三たび祈願表白をくりかえす、そしてこれらをひつくるめると、五大願に帰するのである。随つて五大願は普賢行願の総願ということができるしそれは左の如くである。

衆生は無辺なり誓願して度せん
福智は無辺なり誓願して集めん
法門は無辺なり誓願して学ばん
如来は無辺なり誓願して事へん
菩提は無上なり誓願して証せん

衆生は無辺であるが皆神秘実在を通してわれと一体であり、兄弟姉妹であるから誓つて度せんと願い、そのためには無辺の福智を集めて修得せねばならぬ。そのためには更に又無尽の法門教理を学ばねばならぬ。そのことのためには数多の人師を如来として師事せねばならぬ。かくてこれらはいずれも無上の菩提である普賢大菩提心を成就することになるので、それを誓つて証せんと誓願するのである。

さてこのような普賢行願の真心を悉く披瀝して、仏の照覧まします前に展開し供養するのが普供養である。

このような我が功徳力と、如来の加被力と、及び両者を一つにした法界力との三力が一つに融合して効験を生ずるのが三力加持で、随つてこれを誦えて金一丁を打ち念珠香呂を本置きにして次の段階に移るのである。

3　結界法

真言行者としての身仕度をし、仏を神秘実在界よりお迎えする事由を表白し終つて、次に結界する。結界はいわば神秘実在の珍客をお迎えするための場を築く所作である。仏様の安住の場は壇であり、その壇も実は行者自身の心壇であるから、そのことのための地結即ち金剛橛の印は行者の身に引きよせて心内に築く構えをして結ぶ。大体、壇は印度では閑静にして清浄の地を選び、まず地を掘りかえして木の根や石や毒虫などの雑物を除き純浄な土にしてそこを壇に築き、曼荼羅を画いて供養し、行法が終ればくずしたものであるが、我国では室内に木壇を構えておく習わしになつている。何れにしても行者の菩提心の大地をよく耕し調えて、罪障を除き仏を迎えるための壇に築き上げて魔障にくずされぬよう四方に独鈷金剛杵の杭を打立てる。これが地界金剛橛である。更に、魔の侵入を防いで心壇を守らんがために、四方結即ち金剛墻の垣をめぐらして五色の壇線を四方の橛に巻きめぐらす。五色は五智で、神秘実在たる五智の仏を迎える神聖なる場であるからかくするのである。

十八道では結界法の印明が以上の二つであり、随つて二種別行立の行法という。

4　荘厳道場法

先に結界法によつて築いた壇上に仏をお迎えするのに相応しく道場の荘厳をするのがこの一段である。

先ず初め道場観をするのであるが、この時如来拳印、左蓮花拳の空指（母指）を右金剛拳で握り、左右の空指の端相つくるようにする。これは理智不二を表わすのである。大体道場観は、神秘実在の境界そのままを映してこの壇上に再現し荘厳するのであるから、先ず神秘の境界を観照する如来拳印を結び、観照三昧に住するのである。理は観照される客観の境界であり、智は観照する主観の智光であるが、観照する智の内容が観照される境界であり、本来主客一如、理智不二が実在の本来の姿なのである。随つて如来拳印になし、観照三昧に入つて初めて神秘の智眼を開き、神秘実在に触れる事が出来るのである。

この様な観照三昧に入るのには視線を鼻端に集める——即ち鼻柱を見守るようにするとよい。この様にすれば心がおのずから内に向い、現象を超えてその奥の神秘の世界を照し出すようになる。恰も波が静まれば周囲の風景がそのままの相を映し出すように、神秘実在界も前ばかり見る肉眼には映らぬが、内に向かつた神秘眼には照見されるのである。

さてこの様にして観照されたる道場は、光と福と愛と働きとの満てる法性の霊海というべく、その中より千波万波の波が森羅たる万象となつて縁起しており大宇宙を荘厳している。それを具象すれば七宝の宮殿楼閣となり諸の瓔珞に依つてかざられたる道場である。

その宮殿の真中の壇の上に八葉の大蓮花がありその上に𑖪𑖽字があり、これが方と円と三角と半月と団形の重なれる五輪塔となる。五輪塔は無限の形象を内にもつている神秘実在を一定の形に表わしたものにして、即ち一切の形は直線と曲線の二線で表わし得るから、直線をかこんで形にしたものが方形、又曲線を形に示せば円形である。然し実際に在る具体的な形象は、曲直二線を種々に雑えたものであるから、方を半分にして三角とし、円を又二つに分けて半円とし、半分ずつを合せて一つにしたものが最後の団形である。この団形が即ち如意宝珠の形で、それは差別を平等に納め、平等が開けて個々になつた一多相即の実在の内景を表示したもの、即ち開けば五輪五形となり帰すれば宝珠の一形となる。

この様な神秘の実在を人体をもつて表わせば、宝冠をかむり瓔珞をたれて万徳荘厳相好円満の大日如来となり、自らの内容としての無尽無数の聖衆に囲繞されて曼荼羅を成し、法界に遍く光を放つて常恒に住し給う。

この様に観照し終れば、それを直ちに観照より現実に移して、浄土変の真言を誦じて七処加持をするのである。

かくして心壇上に道場を荘厳し終れば、大虚空蔵の印明を結誦して仏を供養する諸具を大虚空の蔵の中より出し、お迎えの用意万端をととのえるのである。

5　勧請法

以上の如く道場を荘厳し供具を弁備し終れば、神秘実在界へ仏の聖衆を迎えに行くのに、神通の乗りものたる宝車輅の印明を以つてし、次に聖衆が乗り給い、請車輅によつて招かれて道場の上の虚空に来り住し給う。何しろ神秘世界の所作であるから一の中に無限を容れ一瞬にして永遠を成ずるのである。
かくて次に迎請本尊の印明を結誦して聖衆を悉く道場に引入するのである。

6　結護法

大日如来の聖衆は、曼荼羅として法界を包み宇宙を挙げて一をも洩らさず眷属として引連れ来至し給う。然るに今、この現前の道場は行者の心壇に築かれたるものであるから、この場においては障碍をなすものもあり、随つて降三世の大印を結誦し、逆に転じてこれ等の障者を辟除し、更に順に転じてそれの侵入を防ぐ。しかしなお上方より侵入するから、覆うに金剛堅固の網たる虚空網の印明を以つてし、更に隙間よりの侵入を防いで菩提行願の成就を護らんがために、火院を結誦して金剛の焔を以つてめぐらすのである。

7　供養法

かくて聖衆を迎えて結界し守護し終れば、この道場には今や客たる本尊と、主たる行者との水入らずの対面である。そこで諸の供養をするのがこの一段たる供養法である。

先ず初めに閼伽を供ずる。閼伽は水であるが、印度は熱い国であるから、遠来の客には清冷な水をもつて足を洗うのがもてなしの一つである。

同時に、水はものを潤し養う徳があり、随つて菩薩修行の行目たる六度万行の布施を表わし、閼伽の供養によつて真言行者の布施波羅密行を成ずる。何れにしても、一滴の水直ちに神秘実在の大宇宙に遍じ、そのまま雲海の供養となるのである。

次に華坐の印明を結誦して無量の蓮花坐を出し、聖衆に供養する。

更に振鈴で五鈷を振り鈴をならして自他の菩提心を眼醒めさせ、振作し歓喜せしめる。右手の五鈷を振り動かすは、行者の心内にひそんだ神秘実在の生命を躍動せしめ、更に逆順に転ずるのは、それによつて一切の魔障を破り、左手の鈴を振り鳴らすのは、衆生の心性を醒まして聞、思、修の三恵を成就せしめるためである。最後にもう一返右手の五鈷を逆順に転ずるのは、行者自身の本性がそのまま虚空にかがやく月輪の如くに、他の衆生の心性をも照らす光源であり、自証も化他も結局同一月輪のかがやきに外ならぬから一如であるとの三昧で、逆順に転ずるのである。

要するに振鈴は、神秘実在より来たお客を自他の内に歓喜振作せしめる事にもなるので、歓呼の真言を誦じて振るのである。

次に壇上の供物を一々献ずる。先塗香、次花鬘、焼香、飲食、灯明と順次に供養して行く。一つまみの塗香、一輪の花乃至一点の灯明も、悉く神秘実在よりの縁起で、そのまま法界に遍ずるから一々雲海供養となる。

さて先きに述べた如く、閼伽は布施波羅密多行を表わすのであるが、続いて塗香は持戒、花鬘は忍辱、焼香は精進、飲食は禅定、灯明は智恵を示す。塗香をぬれば身心共に清涼となるから内外光潔の持戒生活に通ずる。又花を見れば心がなごやかになつておのずからに忍辱を生ずる。忍辱とは忍耐の意ではない。忍耐の方は腹が立つても虫をころして我慢するのであるが、忍辱は始めから腹を立てない。なめし皮の如くいくらもまれても音が出ぬ。本来大慈悲の故に、辱しめられても腹が立たぬのである。焼香は一端に点火すれば最後まで燃ゆるが如く、精進も亦コツコツと根気よくやり通す事をいう。いくら張り切つても、すぐに飽いて止めるのは精進とはいえぬ。弓の弦は張りすぎると切れてしまい、ゆるめば矢がとばぬ如く、張らずゆるまず、精出して最後まではげむ事が精進である。飯食は禅定を表わす。即ちそれは腹が程よく満つる時、身心共に落ちつくからである。灯明は暗夜を照らす光で、その如く智恵も亦迷いの暗路を照らすからである。かくて六種の供具はそれぞれ布施、持戒、忍辱、精進、禅定、智恵を表現したもので、真言行者の六度満行の功徳を、これ等の供具を通じて真心から供養するのである。

次に遍照金剛の本質たる仏の性徳を讃嘆した四智讃を以つて供養し、かくてこれ等種々の供養を悉く遍く仏のみ前に展開して、真心以つて供養申し上げる普供養の印明を結誦し、我がこの供養の功徳力と、現前の如来の加被力と、神秘実在の無碍力との三力一つに融合する事によつて、始めて所願成就する三力加持の句を誦え、かくて行者の悉地成就を祈る所の小祈願をして、次の礼仏において大日如来を始め曼荼羅の聖衆に一々礼拝し、加護を請うのである。

8　念誦法

神秘実在界より仏様をお迎えし、結護し、供養し終つて、行者の赤心を仏様の御前に披瀝し、遂には身命をも捧げてしまえば、も早や後には何ものも残らぬ。身体はあるが、全くの空である。心はあつても我念がない。かくの如く供養して空しくなつた所へ神秘の光はおのずからさして来る。それまでは猶、迷いの雲に閉ざされて仏の月を見る事が出来なかつた。与えられた肉体の五官の感覚の慾楽に酔いしれ、その故に肉体に執して自我ありと思う執念の雲頻りにわき出でて心をとざす。随つて神秘実在の仏の光を隔てて、心が暗やみとなる。これが無明である。この無明暗夜の心で慾楽を貪ぼり思慮分別をたくましくするから悉く煩悩となり、邪見我慢の妄想となるのである。

今物心の供養に依つて空しくなり、遂には身命をも捧げて絶対帰依の祈願となり礼仏となるから、我執妄念の雲おのずから去り、無明の暗夜も消えて心月の光くまなくさして来る。かくて仏が我の内に入つてかがやき、我れが亦仏の中に入つて空しく、所謂我れに入り、我れは入るの入我々入観に住して正しく我即大日と成るのが、初めの本尊加持である。但し十八道次第では入我々入観は略されて直ちに本尊加持となつているが。入我々入観が本尊加持の裏にかくされているのであるから、行者はこの様な心の運びを心得て行じてゆかねばならぬ。

さてこの本尊加持の印は智拳印でその真言は羯摩咒である。その印は両手を金剛拳にし、左拳の風指（人さし指）を立てて右拳で拳り、左右の風指の端相つくるようにする。風指は風大にして息を表わし、息は命息とて生命の根本を示したもの、即ち息している間生きて居り、息が止まれば死ぬ。随つて、息はそのまま生きている事を象徴する真言であるとされている。神秘実在の仏は、宇宙を己のが身として生き通しに生きて居り、随つて息している。仏の子であり、実在の尖端として此の世に五尺の肉体をもつている我れも亦生きて居り、息している。この仏の息と我が息と一つに通じて何んの隔たりもない。身も心も生命までも仏に通じてそのまま仏と一つである。これを即身成仏という。

この身を取り換える事は要らぬ。この身のままで仏なのである。そのままで宇宙人格を成就しているのである。この印は、この仏我一体の内容を表わし、その真言は宇宙の息がそのまま我が息となつて出入する。その息からほとばしり出るのが真言であり、一語一語が光を放つているのである。

この本尊加持の印明は、その結誦する時間や返数に限りのあるはずがない。始め四処加持をして

郵便はがき

料金受取人払郵便

京都中央局
承　　認

7416

差出有効期間
2026年10月
30日まで

(切手をはらずに
お出し下さい)

6 0 0 8 7 9 0

1 1 0

京都市下京区
正面通烏丸東入

法藏館 営業部 行

愛読者カード

本書をお買い上げいただきまして、まことにありがとうございました。
このハガキを、小社へのご意見またはご注文にご利用下さい。

お買上 **書名**

＊本書に関するご感想、ご意見をお聞かせ下さい。

＊出版してほしいテーマ・執筆者名をお聞かせ下さい。

お買上
書店名　　　区市町　　　**書店**

◆新刊情報はホームページで　http://www.hozokan.co.jp
◆ご注文、ご意見については　info@hozokan.co.jp

24. 11. 5000

ご氏名《ふりがな》	年齢　　歳　男・女	
〒□□□-□□□□ ご住所	電話	
ご職業（ご宗派）	所属学会等	
ご購読の新聞・雑誌名（ＰＲ誌を含む）		

ご希望の方に「法藏館・図書目録」をお送りいたします。
送付をご希望の方は右の□の中に✓をご記入下さい。　□

注 文 書

月　　日

書　　名	定　価	部　数
	円	部
	円	部
	円	部
	円	部
	円	部

配本は、○印を付けた方法にして下さい。

イ. 下記書店へ配本して下さい。
（直接書店にお渡し下さい）

（書店・取次帖合印）

書店様へ＝書店帖合印を捺印の上ご投函下さい。

ロ. 直接送本して下さい。
代金（書籍代+送料･手数料）は、お届けの際に現金と引換えにお支払下さい。送料・手数料は、書籍代計16,500円未満880円、16,500円以上無料です（いずれも税込）。

＊お急ぎのご注文には電話、ＦＡＸもご利用ください。
電話 075-343-0458
FAX 075-371-0458

（個人情報は『個人情報保護法』に基づいてお取扱い致します。）

後は数十遍誦し遂には深く息するだけでよい。仏我一体の妙境をこの印明に依つて端的に、しかも心ゆくばかり把握体験するのである。

次に加持念誦の所作を行ずる。この所では特に真言を念誦する時に用いる珠数が肝要となる。密教では珠数は百八の珠を連らね百八の煩悩を表わす。煩悩は本来とりとめもない心の煩みの連続を云うのであるから数に定まりのあるはずはないが、それを一応六つに要約すると、貪慾、瞋恚、愚痴、慢心、疑惑、邪見となる。貪慾は無明に依つて昧まされた盲目的な我慾をいう。この様な貪慾は、必ず他と衝突して遂げられぬから瞋恚となり、所詮遂げられぬものと理の上では分つていても諦らめられぬ妄念を愚痴といい、若し万一貪慾が遂げられれば却つて慢心となつて他を軽侮し、どちらにしても人を疑い世を信ぜぬ疑惑となり、遂には肉眼で見え五官で感ぜられるものだけしか信ぜられぬ唯物功利の邪見妄想となるのである。

これを六根本の煩悩というのであるが、この六つは地獄、餓鬼、畜生、修羅、人、天の六道の衆生の各々が皆もつているから六六の三十六となり、更にそれは空間的には慾界、色界、無色界の三界にまたがり、時間的には過去、現在、未来の三世に亘るというので三をかけて百八とする。但しこれは一応の数である。

然るに密教よりすればこれ等の六つ乃至百八は、無明の中に暗躍するから暫く煩悩となるが、若しこれに神秘実在の光明がさせば、そのまま六乃至百八の福智となつて、却つて仏徳の荘厳となるのであるから、精々仏の真言を念誦して珠数をつまぐり、煩悩をして直ちに菩提の福智たらしめる三昧を成ずる秘法が、加持念誦の所作となるのである。

さて十八道次第の所作は、先ず珠数を焼香に薫じ、左右の掌に移しかえ、更に蓮花合掌の中に入れて胸にあて浄珠の明を誦ずるまでが加持念誦で、専ら百八煩悩の珠を浄めて百八の福智となすためである。

更に次に旋転念誦とて三度旋転するのは、一応数は百八に限定されるが、実は無尽無数に展開して、三世十方の宇宙法界に遍満した神秘実在よりの縁起であり転現であらしめるためである。最後に正念誦とて珠数をつまぐつて本尊の真言を繰るのは、その真言悉く神秘実在よりわき出で我が息となり、それが声帯に触れ我が口より出でて声となり真言となつて光明を放ち、遍く法界を照して生きとし生けるものの罪障を照破すると観じて念誦するのである。随つてその真言は一応百八遍となつているけれども、それは最小限数を示したものであつて、その上何返繰り足してもよいのである。虚空蔵菩薩の求聞持法の如きは、この正念誦の処において本尊の咒一万遍を繰り百坐拝んで百万遍を成ずるのである。

かくて真言念誦を通して、真に仏と行者と入我々入し、再び本尊の三昧を示現するのが次の本尊加持である。この所作並びに運心工夫は、先きの本尊加持の如くすればよいのである。

次に散念誦は要するに、珠数をとつて本尊及び聖衆の真言を念誦するのであるが、これは要するに、先の前後二度に亘つた本尊加持において、仏我一体、即身成仏の最も高揚された心境から、自然に溢れて出る法悦が、心ゆくばかりの真言念誦となるのであるから、本来その数に定まりのあるべきではないが、四度加行では一応返数を定めているのである。

9　後供方便法

神秘実在の仏と我れと真に一体を成就し終り、我即仏の三昧を体験した上は、先に一度お迎えした仏を一応神秘実在の本体にお還り願わなければならぬ。それで後の供養をし祈願をして、これ等の功徳を遍く自他の一切に回らし向ける事をなし、解界し撥遣して御送り申し上げるのが、この一段の所作である。

先ず後供養では塗香、華鬘、焼香、飯食、灯明の順で供養し、最後に閼伽を供ずるのであるが、後供養の閼伽は特に仏のみ口を漱ぐと伝えられている。何れにしても悉くが一即一切の雲海供養であり、六種の供具を通して六波羅密行を供養申し上げるのである。

次に後鈴を振つて歓送の礼をつくし、続いて後讃を誦し、普供養、三力、小祈願、礼仏を前の如く繰り返して真心より祈願をこらすのである。

次に回向する。即ち仏を勧請し供養し仏と一体になつたこれ等行法の功徳を、先ず広大無尽ならしめて、一切の生きとし生けるものを育くむ福田海に回らし向け、更に諸天神祇や有無両縁の冥界精霊に回向し、現世には世界万民の安穏和楽に回向し、更に三世を超えた宇宙法界の生成化育に回向し、結局普賢大菩提の成就に回向する。

かくてこれら自他の行願を悉く満足する事を至心回向し祈願し終つて、神秘実在の大日如来に絶対の帰命を捧げるのである。

これらの回向祈願悉く終つて、先に結んだ火院、空網、降三世、四方結、地結等の結界を一つ一つ解くのが解界にして、続いて左の花鬘の残花一葉を指端にはさんで撥遣すれば、聖衆悉くこの一葉の花に乗つて一瞬にして神秘実在界に還り給うのである。最後に行者は仏部、蓮花部、金剛部、被甲の護身法を、自らの身にひきよせて固く結誦し、行法三昧の覚悟を一層新たに心にきざみつけ身に装うて壇を下り、金剛の戦士として教化の第一線に出で立つのである。

五、金剛界曼荼羅

金剛界の行法は金剛界三十七尊の曼荼羅を拝む秘法である。それで先ず何よりも金剛界三十七尊曼荼羅の内容を一応心得る事が必要である。

金剛界とは、宇宙法界を以つて己のが身とし給える法身大日如来の森羅たる個々の万象を、悉く自らの内に包んで全一となつて永恒に働いている太霊としての生命の展開をいうのである。金剛とは金剛石の堅固なるに喩えて法身の生命の永恒なるをいい、界とは雑多のものがそのまま一つに統一されている状態である。曼荼羅もまた輪円具足と訳して、車輪の輻が中軸に集つているが如く、一切が各々自らの立場を持ちつつ他のすべてを統一し、且つ統一されている状態をいうのである。この様に大宇宙の森羅万象は個体を超えた太霊的実在を土台として、それより盛り上つたものにして、その中のどの一つをとらえても、とらえた所が中心となつて一切が統一される一多相即の全一的関係にある。この様な実在の内容を法性の金剛界曼荼羅というのであるが、今これを一定の図の上に具象すれば現図の曼荼羅となるのである。

さてこの現図の金剛界曼荼羅に於いては、先ずこの宇宙太霊としての実在を大日如来と名づけ、白浄にして円明なる月輪で表わす。そしてこの大日の内容を四つに分析して、金剛部、宝部、蓮花部、羯摩部の四部とする。金剛部は、特に大日の生命の全一にして永遠性なるを表わし、宝部は、その内容たる個々の万象悉く平等の価値を具するをいい、蓮花部とは、平等の価値をもちたるまま個性を異にし、しかもその異つたる個性のままをそれぞれに生かし包んでいる聖愛に名づけ、羯摩部は、各々が自らの因縁個性を通して全一の内容を創造し開顕している働きをいうのである。この四部に対してそれを一つに統べている全一としての本質を仏部という。この四部及び仏部を次の如く、阿閦、宝生、観自在王、不空成就、大日の五仏にして表わすのである。

この事は、いわば大日が自らの内容として四仏を現じた事になるのであるが、更に大日は四仏の各々の内容を具現し成就して行くために十六大菩薩を展開する。先ず阿閦仏としての内容を成就体現する経過としては、金剛薩埵、金剛王、金剛愛、金剛喜を。宝生仏のためには金剛宝、金剛光、金剛幢、金剛笑を。観自在王仏のためには金剛法、金剛利、金剛因、金剛語を。又不空成就仏のためには金剛業、金剛護、金剛牙、金剛拳の諸菩薩を示現する。これはいい換えれば、一衆生の心内に、大日の金剛界としての月輪の如き本質が具現されて行く事、恰も月の始めの一日より一分ずつ姿を表わして、十六日目にその全容を表わすのに喩えたのである。

先ず第一の金剛薩埵の所では、自他一如の、即ち月輪の如き全一としての本質が具わつている事を自覚した位、この自覚を生活の上に表わして行くのには先ずすべての人を引きよせて行かねばならぬ。これが第二の王菩薩。引きよせて愛して行くのが第三の愛菩薩。愛して自他共に喜び合うのが第四の喜菩薩である。

以上の四つを菩提心の生活というのである。

一度この様な菩提心をおこしそのような行願を以つて生活すれば、必ずそれに帰依し共鳴して種々な力を添えてくれるものがある。その中先ず財宝を以つて助けてくれる所が第五の宝菩薩、学識経験才能を以つて助けてくれる位が第六の光菩薩、然るにこれ等の施物や助力を私せずにそれをみんなに開放して遍く世の光を増す事のために向けて行くのが第七の幢菩薩、幢とは宝珠を頭にした幢旗であつて、すべてを招きよせて宝を頒つ標幟である。かくて自他共に歓笑するのが第八の笑菩薩である。

この四つを灌頂の生活という。灌頂とは広義には力を加えて励ます事をいうのである。

この様な生活を続けて行く時、初めて世の中の真実の姿が分つて来る。

即ち、世の中は誠に真心を以つてすれば、真心からの報いを受ける。いわばお互に本来は一つにひき合つている全一のものであり清浄のものであるという事が分つて、体ゆたかに心平らになる位が第九の法菩薩。さてそうなれば世の真実の相を見る智眼が開けて来る、これが第十の利菩薩。全一としての真実相が分れば、それを他の者にも何んとかして覚らしめんとの止むに止まれぬ行願心が起るのが第十一の因菩薩。かくて他に呼びかけて行く所が第十二の語菩薩の位である。この四つを正智の生活という。

ただ言語でよびかけるだけでなく身体を以つて奉仕実践して行くのが第十三の業菩薩。ところが身の上に行うという事になると遊堕怠慢の障りが起つて来る。今精進の鎧甲を心にきせてその障りを防ぎ護つて行くのが第十四の護菩薩。更に外からは嘲笑や侮辱の魔があつても、それには勇忿忍辱の牙を以つて降伏して行くのが第十五の牙菩薩。かくて身語意の三業を以つて全一としての実在を完全に具現し実践して行くのが第十六の拳菩薩である。拳は三密合致の印ともいい、身語意の三つを一つにしてあらゆる魔障を除いて浄業にいそしむ三昧を表わしたものである。以上の四つを実践の生活という。

以上の十六大菩薩は、五仏としての内容を、我等の生活の上に体現して行く経路を示したものにして、これを特に十六大菩薩生《しょう》というて、生の字をつけるのは、十六の功徳を順次に生じて行くからである。

さて大日如来は自らの内容として四仏を現じ、更にその各々を具現して行くために十六大菩薩を以つてした。それに対して報ゆるのに四仏は各々自らの三昧とする所を、金剛、宝、法、業の四波羅密女となして大日に供養し親近せしむれば、大日は又それに感応して、嬉、鬘、歌、舞の内の四供養女を現じて四仏の働きを助け、今度は四仏は又香、花、灯、塗の外の四供養女を現じて大日に報ゆれば、大日は益々それに依つて光を添え力を増して生きとし生ける一切のものを悉く金剛界に引入する事のために、鈎、索、鏁、鈴の四摂の女菩薩を現じて外に向かわしめているのである。
かくて大日と四仏と互いに供養し合い助け合いつつ、限りなく金剛界としての生命の無限の進展がなされているのである。これを金剛界三十七尊の曼荼羅というのであるが、この曼荼羅こそは正に密教の宇宙観の一縮図という事が出来る。

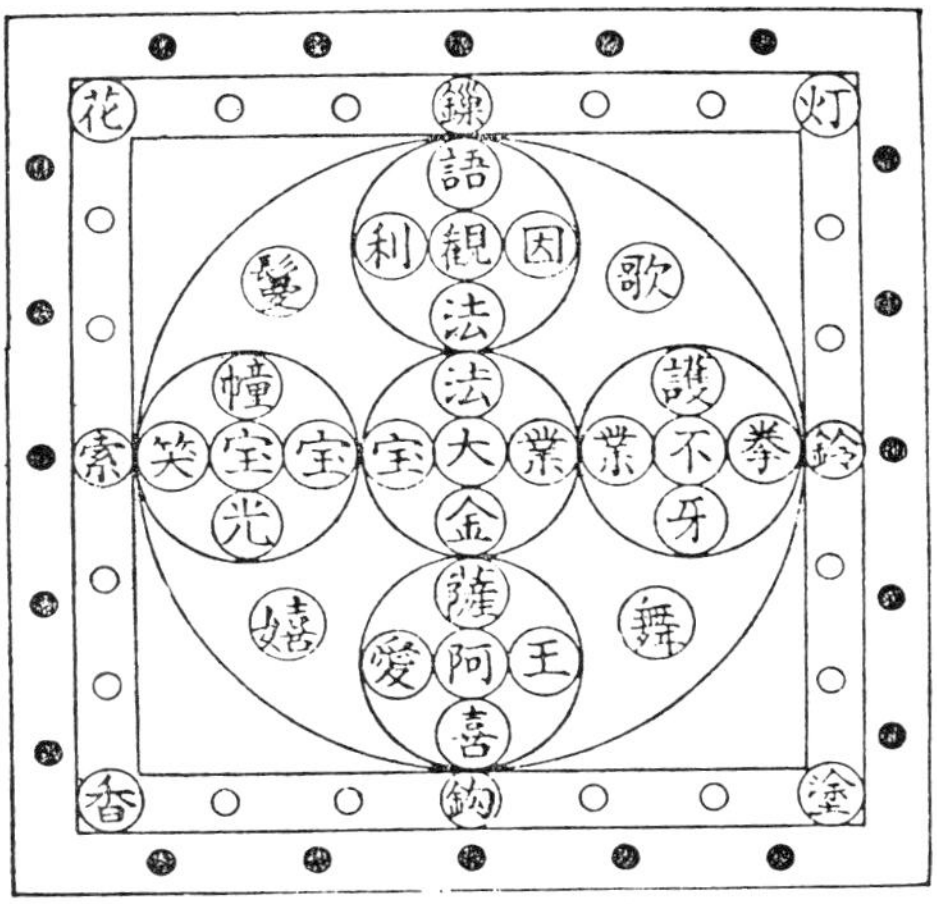

金剛界三十七尊曼荼羅
○印賢劫十六尊　●印外金剛部二十天

さてこの曼荼羅の中から我等は次の如き示唆を受ける。

第一に、個々の万象は悉く全一としての大霊の発現であり、しかも個々は己れを空しうして自らの与えられたる個性立場を発揮して全一に捧げれば、全一の内容は益々それに依つて充実し、その事が却つて個性に回らされていよいよ個性の発展となるという、所謂相互供養に依つて共存共栄して行く生命の実相、世の真の姿が示されている。

第二に四波羅密女と内外の八供養女、四摂女とは女形、十六大菩薩は男形にして、随つて男女共に自らの持場を守りつつそれぞれ曼荼羅の一員、金剛界の内容となつて実在の具現にいそしんでいる事が分るのである。

第三に、十六大菩薩の如きは、我等の本来具えたる霊性の漸次開発されて行く径路にして、この中に真言行者は元より、仏の子としての我等衆生の真に生きるべき道の軌範が示されているのである。

以上が金剛界曼荼羅であるが、行法次第にはこの外に賢劫の十六尊と外金剛部の二十天が出ている。先ず賢劫の十六尊に就いては、賢劫とは現在賢劫の事で、それは過去荘厳劫・未来星宿劫と関係している。過去が積つて現在をなし、現在が未来を展開して行くから、現在の中に過去も未来も入つているのである。十六尊というのは、実は過現未の三千仏を現在賢劫の千仏に入れて、十六尊に代表せしめたものである。この賢劫の十六尊を曼荼羅の中に置くのに就いては、先に大日が、鈎索鏁鈴の四摂の菩薩を現じて、過現未の一切の衆生を曼荼羅に引入して三千仏となし、更にそれを賢劫の千仏に帰せしめ、これをまた十六尊に代表せしめて現図に配置するのである。

次に外金剛部の二十天は、この金剛界曼荼羅を外より守護する神々を二十天になして最も外側に配置するのである。

因みに、普通寺院に掛けられている金剛界曼荼羅は九会曼荼羅で、その中の真中の一会（いちえ）

出版案内

法藏館

【好評一般図書・2024年9月末現在】

文庫最新刊

死者の結婚――慰霊のフォークロア

櫻井義秀著

「結婚」とは何か。東アジアで行われる死者に対する結婚儀礼の種々の類型を事例に、その社会構造や文化動態の観点から考察する。

1430円

ラクダの文化誌――アラブ家畜文化考

堀内 勝著

アラブ遊牧民はラクダをどう扱い、共に生きてきたのか。ラクダに関する膨大な知識を網羅し、ラクダとアラブ文化の実態を描き出す。

2035円

中世文芸の地方史

川添昭二著、佐伯弘次解説

中世九州を舞台に、中世文芸の社会的あり方を「政治」との関係から追究。政治・宗教・文芸が一体をなす中世社会の様相を明らかにする。

1870円

◆仏教者の戦争責任

市川白弦著、石井公成解説　1430円

◆中世寺院の風景 ―― 中世民衆の生活と心性

細川涼一著　1430円

◆縁起の思想

三枝充悳著、一色大悟解説　1540円

阿部泰郎・楠 淳證編
解脱房貞慶の世界
『観世音菩薩感応抄』を読み解く
2750円

星野英紀著
評伝・小林正盛
1430円

河内将芳著
都市祭礼と中世京都
表象と実像
4950円

畠田秀峰著
四国遍路
迷子のおとなたち
3850円

武石彰夫著
新装版 和讃
仏教のポエジー
1980円

八木誠一著
超越のささやき
「こころ」を取り戻すための宗教入門
1760円

平岡 聡著
ブッダの奇しき事跡 上・下
梵文根本説一切有部律破僧事 全訳
㊤7700円㊦8800円

本郷真紹監修 山本 崇・毛利憲一編
日本古代の国家・王権と宗教
19800円

八坂神社文書編纂委員会編
八坂神社日記
万覚日記2（安永七年～天明三年）
9900円

藤波蓮凰著
魚山余響略註
江戸時代後期、西本願寺の声明事情を読む
13200円

苅谷定彦 小西日遶 大平宏龍 三先生頌寿記念論文集刊行会編
法華仏教の潮流
教えと学びの道しるべ
苅谷定彦 小西日遶 大平宏龍 三先生頌寿記念論文集
22000円

原口志津子著
本法寺蔵 法華経曼荼羅図
38500円

注目の本

マンダラの新しい見方

森　雅秀著　　3960円　重版

「何がマンダラか」という視点に立ち、日本で展開した浄土教曼荼羅や参詣曼荼羅等のあり方、思想を探求しマンダラの意義を再考する。

ためし読み

絶望のトリセツ
――人生の危機をのりきる方法

根本一徹・川本佳苗著　　1540円

「死んでる場合じゃねえぞ!」。のべ2万人の自殺志願者を、とことんまで対話することにより救ってきた禅僧が語りかける、「死にたくなるほどの危機的状況」をのりきる方法。

ためし読み

木賊《とくさ》

望月文子:文・熊谷博人:絵　　1320円

謡曲「木賊」を翻案した絵本。信濃国園原(長野県阿智村)で、行方不明となった我が子を待ち続ける老父。やがて僧侶となった我が子が旅の僧とともに木賊を苅る老父と再会する。京都・祇園祭の山鉾「木賊山」の題材。

ためし読み

を成身会（じょうしんね）といい、これが右に述べたる金剛界三十七尊曼荼羅にして、周囲に連なる他の八会は何れもこの成身会の種々なる活動展開を示したものに外ならぬのである。

六　金剛界の行法

金剛界の行法は、金剛界三十七尊曼荼羅を拝む三密瑜伽の行法にして、その本経は金剛頂経であるが、元来この経は浩瀚にしてその説相も甚だ多岐に亘り、大意を捕えるのに容易でないので、これを、実際に修して行くために適するように整備したのが、大師の御請来の『金剛頂蓮花部心儀軌』である。併し尚これを一層行用に適切ならしむるために我国では大師始め、実恵《じちえ》、益信《やくしん》、乃至元杲《げんごう》等の諸先徳が、種々な『金剛界念誦次第』を編成されている。現在中院流で用いているものは、石山寺の淳祐が元杲若しくは雅真のために編せられたものとして伝えられている所のものである。

さてこの行法は、曼荼羅の中の一尊でなしに、三十七尊曼荼羅を全体として拝むから都法立といい又その内容も複雑にして数多の印明が説かれているので、大法立の行法ともいうのである。

併しその行法の一貫した径路は、十八道と同じく、神秘実在の当位にいます金剛界三十七尊の曼荼羅の諸尊を、行者自身の心壇にお迎えして供養し、やがて行者自ら三十七尊の内的な体験を心ゆくばかり実証し終つて、曼荼羅の聖衆を、本位へ撥遣する所作になつて居り、ただ十八道よりはその行法次第が非常に細密になり、いわば手がこんでいるのと、特に金剛界としての特質が明らかに浮き出されている点だけが異つているといつてよい。

さてそれなら金剛界としての特質とは何かといわば、金剛界茶曼羅の三十七尊の集会である。それを要約すれば、阿閦、宝生、観自在王、不空成就、大日の五仏に帰する。五仏は暫く人体で表わしたのであるが、これを心性で示せば五智である。五智とは、大円鏡智、平等性智、妙観察智、成所作智、法界体性智をいう。

個体を生み出せる神秘実在は、恰も鏡が一切を映し出すが如く、すべてをおのが内に包み統べる生き通しの生命なるが故に大円鏡智といい、各々の個体は同一実在の現われなるが故にその価値に於いては平等であるから平等性智といい、平等なるも各々の個性は異り、その異なりたるままをそれぞれに包み生かしている愛を妙観察智といい、その各々が皆神秘実在の内容を全的に創造しつつあるを成所作智といい、そのような神秘実在は、それ自身宇宙法界を己のが体性とせる大霊格体なる故に法界体性智というのである。

この五智即ち五仏を五鈷で象徴する。五鈷は本来は敵を摧《くじ》く精鋭なる武器であり、金剛石が堅固にしてすべてを砕くに喩えて金剛という。それが宗教的に転化して密教の法器となり、これをもつて五智を表わす事にしたのである。五智は人の心の迷いの暗やみを照破する智光であるから、この五智、即ち五鈷金剛をば月輪でくまどり、それは又、一切を育くみ生かす愛の本質を内に具えるが故に蓮花を以つて台とする。この月輪蓮台の中の五鈷が、金剛界の根本特質をなすのである。随つて金剛界行法のあらゆる所作は、悉くこの五鈷金剛より発現し、この五智の特質に色どられていると云うてよい。

　さてこれからこのような金剛界の行法の内容を、元杲の『金剛界念誦私記』に依つて左の八つに分類して、逐次説いて行く事にする。

一、上堂行願分　上堂より普供養三力まで
二、三昧耶戒分　四無量心観より成菩提心まで
三、成身加持分　五相成身観より陳三昧耶まで
四、道場荘厳分　道場観より小金剛輪まで
五、奉請結護分　啓請より大三昧耶まで
六、供養讃嘆分　閼伽より礼仏まで
七、念誦修習分　仏眼仏母加持より散念誦まで
八、後供方便分　後供養の理供より普礼出堂まで

以上

1　上堂行願分

この分は行者自身本堂に上つて登壇し、先ず身仕度をととのえた上で、仏に向かつて真言行者としての普賢行願を表白して、仏天の加護を請う一段である。

先ず行者が自室に於いて手を洗い、口を漱ぎ、浄衣を身につける等の事をなし、我れは金剛薩埵なりとの三昧に住して道場に向かうのであるが、その入口の門戸の前に立つて、右拳の頭指で三返弾指する。諸仏聖衆は堂内に満ち給うが故に、先ず弾指して合図し、徐に戸を開いて、左右の眼に摩《ま》と吒《た》の二字あり日月の光となつて堂内を照らすと観じて、諸仏の雲集を拝し、入堂する。

次に三礼、着座、登壇等を常の如くなし、塗香の所作をなして三密観をする。これは己《お》のが身口意各々に月輪蓮花あり、その中に五鈷金剛ありと観じ、特に神秘実在の中の金剛界としての光に依つて自己の罪障を浄める。

かくて浄三業、仏部、蓮花部、金剛部、被甲の護身法を結誦して、ここに五智の本質を具せる金剛薩埵としての身仕度をととのえるのである。十八道でいわば以上が荘厳行者法であり、それ以下が普賢行願法になる。然るに金剛界ではこの両者を一つにして上堂行願分とするのである。

さてこのように荘厳行者の身仕度をととのえ終つたので、次に本尊聖衆をお迎えする事由を表白し祈願するのであるが、その前に加持香水や加持供物をして内外を浄め、更に囕《らん》字観に依つて囕《らん》字の智火を以つて再び内外を浄める。次に浄地は環境を浄め、浄身は自分を浄める。更に仏部心、蓮花部心、金剛部心、被甲に依つて特に他の身心を浄める所作をなし、かくて内外自他の一切を浄め終つて浄眼おのずから開け、虚空の中に諸仏充満し給うを観見するのが観仏で、続いて金剛起をしてこれ等の諸仏を驚覚する。虚空法界に満ち給う神秘実在の諸仏は、皆夫々に自らの三昧に入つて居られるから、行者がものを申し上げる前に金剛起の印言を結誦して驚覚し奉る。それに依つて諸仏は等しく何事ならんとこちらを向き給うのである。

そこで普礼して諸仏を礼拝し、更に四礼して阿閦（金剛部）宝生（宝部）観自在王（蓮花部）不空成就（羯磨部）の四仏四部の金剛界としての諸尊を特に礼拝し、更にこれ等の諸尊聖衆は各々三密の金剛を持し給うが故に、その三密を総じて礼拝するのが金剛持遍礼である。

かくしていよいよその事由を次第の文の如くに表白するのである。勿論その表白は赤心を吐露して真心《まごころ》から申し上げるのがよろしく、更にその末尾にはその時その場合に於ける心中の所願を随意に加えてよいと思う。そして「乃至法界平等利益敬つて白《もう》す」と結ぶのがよい。

続いて諸天や天神地祇や当年行疫流行神《ぎょうえきるぎょうじん》等の神々に法楽を捧げ、外護を祈願する所の神分を行ずるのである。

次に普賢行願の願文たる五悔を誦え、発菩提心をなし、仏子としての戒徳を証する三昧耶戒をすまして、勧請の句を誦う。勧請はその内容が全く十八道の発願と同じく、普賢行願の事由を偈を以つて表白するのであるが、ただ勧請は大日や四仏四波羅密十六大菩薩、内外の八供養、四摂等の三十七尊の聖衆や、更に教令輪身たる降三世明王の名を一々誦えて帰依礼拝し、加護を祈願する。発願の方は以上の三十七尊を総じて誦えて祈願するだけである。

かくて最後に普賢行願の総願たる五大願をなし、普供養をし三力偈を誦えて金一丁を打ち、この段を終つて次へ移るのである。

2 三昧耶戒分

この一段は、神秘実在界に雲集し給う金剛界の聖衆をお迎えするための坐敷たる壇を築くのであるが、その壇たるや実は行者の心壇にして、それは菩提心の大地に築くのであり、しかもその菩提の心壇たるや、自証の上からは堅固にして特に金剛の本質を具え、化他の上からは大慈の至極たる大慾愛染の三昧を示せるもので、しかもそれは罪障を離れた所の清浄の心地である。これを平等本誓の意味から三昧耶戒分というのである。

今この一段の内容を大体四つに細分する。

先ず初めは四無量心観より勝願、大金剛輪、金剛橛、金剛墻までにして、これは先ず菩提の心壇を築き、

次は金剛眼、金剛掌、金剛縛、開心、入智、合智、普賢三昧耶、極喜三昧耶までで、その菩提の心壇は特に金剛堅固の本質なりと開見する所、

更にその次は降三世、蓮花三昧耶、法輪、大慾、大楽までで、この金剛堅固の菩提心をして他に対しては大慾愛染の大活動たらしめ、

第四にはこのような心壇とても、過去に造りし罪障が未だ残つているから、召罪、摧罪、業障除、成菩提に依つて、それをも悉く摧破し、かくて堅固清浄の心壇が築かれるのである。

この中、先ず初めに四無量心観であるが、これは心壇を築くに当り、先ずその心地をととのえる三昧である。このためには弥陀定印に住して慈、悲、喜、捨の四無量を観ずる。弥陀定印は妙観察智印ともいい、神秘実在を観照する三昧である。人間の肉眼は顔面についていて前にばかり向かつているから、外界を見る事は出来るが、我が内を見る事が出来ず、我れ自らをも見る事が出来ない。

然るに視線を鼻端に集め、鼻柱を見守るような構えになれば、肉眼の対象はおのずからくずれて、それを超えたる自他一如主客未分の神秘実在を観照するに至る。観照の眼たるやそれは肉眼ではなくて、身心一如の、いわば全身そのままが心眼であり所謂心鏡となる。かくて観照の眼は内に向い、

自らが自らを照す働きとなり、個体を超えたる神秘実在を直接に体験するのである。

この様に手には弥陀定印を結び、心は観照三昧に住して神秘実在の中に慈悲喜捨の四無量心を観じ出すのである。

先ず初めの慈無量心では、文の如く「六道四生の一切有情は皆如来蔵を具し三種の身口意金剛を具えたり」と観ずる。六道とは地獄、餓鬼、畜生、修羅、人、天である。四生とは胎生《たいしょう》、卵生《らんしょう》、湿《しっ》生《しょう》、化生《けしょう》で、凡そ神秘実在の宇宙生命が個体を具えてこの世に生れて来る場合、先ず五体を具して生れる胎生と、一旦卵に生れてそれより孵化する卵生と、湿れる所を通つて生れて来る所の単体動物や菌類の如き湿生と、親とは全く形を変えて生れる、例えば幼虫より蛾が生れる如き化生とあり、随つて今「六道四生の一切有情」といわば、凡そこの世に於ける生きとし生ける一切の衆生とでもいう意味である。

さてこの生きとし生ける一切のものは、皆夫々に神秘実在の処より生れて来ているのであるから、等しく皆如来の本質を具えており、しかも各々は身口意の三業を先天的に受け、それを通じて実在の内容を現わして行くのであるから『身口意金剛を具えたり』というのである。この様に、生きとし生けるものは、たとえ一木一草と雖も皆如来の本質を具し、その内容を顕わして行くべき身口意金剛の性能をもつている。この事を先ずよく観照しそれに体達すれば、普賢菩薩と成るのである。

次に悲無量心では、生きとし生けるものは、皆夫々は如来の本質を蔵し三密金剛を具えたりとも、全くそれを知らず、ただその尖端としての肉体に執われ自他の分別に迷つて、徒らにそれの生き死にや、それの享楽にのみ浮き身をやつしていつしかに老いて行く。然るに今神秘実在より盛り上れる我れである事に眼が醒めれば、我が身の真実の面目と価値を知るに至り、虚空蔵菩薩と成るのである。

次に喜無量心では、この身に具わる身口意は、生死海に浮き沈みしておつても、本来は清浄であつて、それは実在を現わして行く清浄なる機能として賦与されたものである。この様に、自他一切の自性の清浄を覚れば、そのまま観自在菩薩となるのである。

次に捨無量心とは、生きとし生ける一切衆生は、平等一如の実在より皆夫々にその因縁を異にして生れ、随つて与えられたる自らの個性や天分を通して、実在の内容を開顕しつつある自然法爾の働きを成している。この事を自他の上によく実証すれば虚空庫菩薩と成るのである。

先ず行者自身の心地の上にこの四無量心観を心ゆくばかり観照して自己を忘れ、自己もまた観照される境界の中の一員となつてしまえば、次は弥陀定印をそのまま胸の前に起して金剛合掌をなし、今観照せる内容をば単なる観照にとどめずに、この現世に必ず成就せずんば止まずとの熱烈な誓願にまでもつて行く。これが勝願であり、金剛合掌は堅い決意誓願の心構えを示した印である。

然るに、熱願は、熾烈であればある程、とかく土台を離れて独走しようとする。今この勝願は必ず神秘実在に裏付けられねばならぬ。その所からわき上つた普賢行願でなければならぬ。そこで大金剛輪を結誦して、実在そのものの本質を明確にし堅固にするのである。

本来神秘の生命は、肉眼には見えずとも実在として個体を超え宇宙に遍満しているが、それ自身は無限の統一を本質として無数の個体を生み出しつつ永恒の働きを続けている。併しそれだからとて一定の動かぬ統一の中心があるのではない。もしそのような中心があるとすれば末端もある事となり、随つてそれは有限となる。

然るに一定の中心はないが、どこでも中心たり得る。とらえた所がその場の中心となつて他が悉くそれに統一されるのであるから、どこまで行つても端《はし》がない。それ自身は無限でありながら、全体が一つになつて生きている。これが神秘なる実在の内景であり、これを金剛輪で表わすのである。今この大金剛輪の印を結びて下腹に置き、その真言を誦じて順に転ずれば、大宇宙を挙げて無限の実在となるのであるが、但し今この場に於いては暫くこの我れが実在の中心となる。

要するにこの様な神秘実在の大金剛輪の上に立つて、四無量心観をなし、勝願を起すのである。

さてこの様に菩提の心地を純粋明浄にしてその上に壇を築き、それがくずれぬように四方の隈に独鈷金剛の橛《くさび》を打立てるのが金剛橛の印明にして、随つてこの印は胸につけ、下に向けて突きさすようにし、心壇を築く構えで結ぶ。次に折角築いた心壇が魔障のためにくずされてはならぬから、更に壇線をめぐらして墻《かき》とするのが金剛墻の印明である。

さて聖衆を迎えるための菩提の心壇が築かれたのであるが、この心壇は特に金剛界三十七尊の曼荼羅の聖衆を迎えるに相応しく荘厳されねばならぬので、次に金剛界としての本質を特に明確にし堅固にするため、先ず金剛の本質を観照する金剛眼を開き、金剛の智体たる月輪中の金剛を表示せる金剛掌をしてその光が外に開顕せる金剛縛を結誦し、この金剛の智光をば、我が心壇を開いて迎え入れる構えの開心をなし、かくて、それを我れに引入合一する入智と合智の印明を結誦する。かくて我れ即ち金剛の智体となり、所謂金剛薩埵としての喜悦妙適の三昧に住するのが普賢三昧耶と及び極喜三昧耶の印明である。

以上が金剛薩埵としての自利の方面を強調したのであるが、それはおのずから化他の働きとなって一切衆生の迷いを醒す方便行となる。それで先ず剛降難化の妄執を、忿怒降伏する降三世明王や、更に柔和慈心の相を以つて摂化する蓮花三昧耶の印明を結誦し、これら無上の金剛の大法輪を転じて、特に大慾愛染の成就こそ大安楽なりとする所の化他の至極を発揮するのが、大慾と大楽の印明である。

かくて菩提の心壇の智体としての特質をいやが上にも明確にし堅固にしたのであるが、但し過去に造れる罪障が心壇の底に未だ残つているので、これを悉く召きよせて、金剛を以つて摧破し浄除するのが召罪と摧罪と業障除で、かくして真に内外清浄の心壇となり智体となつて光を放つのが成菩提である。

以上で金剛界三十七尊曼荼羅の聖衆をお迎えするに相応しい心壇が築き上げられたのである。

3　成身加持分

金剛界三十七尊をお迎えするための心壇はすでに築き上げられた。そこでこれから曼荼羅の聖衆を迎えて住居願うのに相応しくこの心壇上を荘厳するのであるが、その前に三十七尊曼荼羅は如何にして現出したのか、その因縁や経路及び内容を観想し味得するのがこの一段である。

本経である金剛頂経――金剛頂一切如来真実摂大乗現証大教王経の金剛界品――に依れば、一切義成就菩薩たる釈尊が、嘗て菩提樹下に成道せるその初め、一切諸法はすべて衆多の因縁関係に依つて生じたもので、全く無自性であり、無常無我空であるとの真空観の一辺に堕し、所謂阿娑婆那《あしやばな》伽《か》三昧《さんまじ》地なる空定に眠り込んでいた。その時神秘実在の密仏恰も胡摩《ごま》の如く無数に姿を現じて、空定に眠れる釈尊をよび醒まし、五相成身観等の秘密の観法を授けて工夫せしめ、遂に普賢金剛薩埵としての色身荘厳智徳円満の大日如来を成就し、更に秘密仏の加持を被つて五智三十七智等を体験して金剛界曼荼羅を展開した事が説かれている。
この経説に基づいて、先ずこの段の初めに弥陀定印を結び、観照三昧に住して五相成身観をなすのである。今一切義成就菩薩は必ずしも印度出現の釈尊に限るものではなく、それは真言行者を代表せる金剛薩埵にして、求道修行の過程として寂滅平等究竟真実智の境界たる空定に堕していた時、虚空界に遍満し給える無数の密仏等《ひと》しく弾指して驚覚し、呼びかけ給うて曰く
『善男子よ、汝が所証の所はこれ一道清浄なり、金剛喩《ゆ》三昧と及び薩《さ》般若《はんにゃ》智《ち》とを尚未だ能く証知する事能わず、これを以つて足んぬとなす事勿れ、普賢を満足して方《まさ》に最勝覚を成ずべし』と。この中の一道清浄とは空三昧の境地であり、金剛喩三昧と薩般若智とは、真空の中に満てる所の妙有《みょうう》としての無限の生命の働きをいうたので、五鈷とか輪宝等の金剛の法具を以つて象徴し得る本質を金剛喩三昧といい、又薩般若智とは梵語にして一切智々と訳し、神秘実在の内容をなせる無尽無数の生命をいうのである。いわば一道清浄の空三昧は真の覚りではない。金剛喩三昧や一切智々の神秘実在の内景たる五智三十七智の金剛界を体験するこそ最勝覚であるとの意である。
ここで行者は、密仏の驚覚に依り初めて空定の眠りより醒めて、虚空の中に諸仏を礼し、『唯願わくは我れに所行の所を示し給え』と。即ち、如何に行じたらよいのですかと教示を請うたのである。それに対して諸仏同音に告げてのたまわく『汝、自心を観ずべし』と示し給うた。そこで行者は教

えの如く自心を観じたけれども、自心をつかむ事が出来ない。再び諸仏に教えを請うて曰く『我れ自心を見ず、此の心を如何なる相とやせん』と。即ち、教えの如く自心を見とどけようとしたけれども、どうにもつかみ所がありません。一体心とはどの様な形相をしているのですか。と再問した。ところが諸仏声を等しくして告げてのたまわく『心相は識量し難し。心は月輪の軽霧の中に在すが如し』と。即ち、心の形相は仲々つかめるものではないが、恰も月輪の霧の中に閉ざされているようなものだと観ぜよ。と教えられたのである。

これが五相成身観の第一たる通達菩提心なのである。即ち、我が心の真実の相は宇宙に遍満せる神秘実在にして、それは個体を超えて、しかもあらゆる個体を生み出せる土台をなしているから、恰も満月円明の形相とよく似ている。但しそれは本質として我が生命の根本をなしているのではあるが、我れ等はそれを知らず、五官の感能を具せる小さい自己の肉体に執われて、それだけが自分だと思う妄念のために心が閉されている。それは恰も月輪が雲霧に閉されてしまっているようなものだ。併し、閉されて意識の表へ光を表わしては居らぬが、心の本質として厳然と実在しているのである、と覚知した処が通達菩提心なのである。

第二は修菩提心で、引続き密仏の教示を仰いで、この実在せる心月輪を屢々観ずる事に依り、妄執の雲霧次第に晴れてその光が心一ぱいにかがやき出た所である。

第三は成金剛心で、この心月輪の内容としては五智三十七智等の一切智々の働きを具えているが故に、月輪の中に五鈷金剛を立ててそれを観照する。そしてこの月輪の金剛を漸次に広げて宇宙法界に周遍せしめるのが広金剛、周遍せしめたものを漸次に斂《つづ》めておのが身中に収めるのが斂《れん》金剛である。

この広斂《こうれん》二観を自在に観じ得て、全くそれに成り切つてしまうのが、第四の証金剛身にして、全く神秘実在がそのまま盛り上つて、此の我が身となつて居り、我れと法界と月輪の金剛との三つは全一と成る。これ正に第五の仏身円満の処にして、即身成仏の至極である。

かくの如く五相成身の観行に依つて現実に成仏せるが故に、密仏は更に夫々の三昧を以つて加持し灌頂し、大日としての色相や智徳を荘厳し給う。これが諸仏加持で、就中金剛界としての四仏、即ち阿閦、宝生、観自在王、不空成就の四仏加持してここに五仏の徳を顕示し、五智の宝冠をかぶらせて灌頂し給うのが五仏灌頂であり、更に仏の花鬘をかけて灌頂し給うのが四仏繋鬘である。かくて色身具備せる大日如来と成り、更に迷妄の世に臨みて化他の働きをなすために如来としての甲《かつ》冑《ちゅう》を身につけるのが如来甲冑と結冑であり、金剛の智性を以つて心を堅めるのが現智身と見智身。かくて、我れこそ永遠不滅の金剛の大楽を以つて遍ねく世を救う金剛薩埵なりとの三昧を陳べるのが陳三昧耶である。

4　荘厳道場分

行者自身の心壇場に金剛界三十七尊曼荼羅を荘厳して、供養の具をととのえるのがこの一段である。先ず理智不二、主客未分の如来拳印を結びて観照三昧に入り、神秘実在界の中に於いて特に大日を観じ三十七尊の聖衆を観ずるのが道場観である。

先ず初めに、妙高山を観ずるのであるが、妙高山とは須弥《しゅみ》山の訳語にして、密教の道場ではこれを須弥壇として本尊の常住まします所としているが、要するに須弥山は神秘実在を内容としている大宇宙であり、それを更に法界宮殿として五峯八柱の宝楼閣に象徴する。五峯は五智であり八柱は周遍の四智四峯を支《ささ》える四方四隅の柱である。この宮殿の中いつぱいに大蓮花あり、上に曼荼羅の壇あり、その中央に月輪あり中に蓮花あり、その花台に𑖪𑖽字ありて、これ神秘実在の中の生きとし生ける一切のものを悉く内に包みて一如となせる大生命を表わす。それを形象を以つて表わせば方、円、三角、半月、団形の五輪塔婆となり——その詳細は十八道解説参照——それを人体を以つて示せば色相荘厳し智徳円満し給える大日如来となる。身色は月の暉《ひか》りの如く、五智の宝冠をいただきて智拳印に住し、光明を放つて十方法界をくまなく照らし給う。四仏、四波羅密、十六大菩薩、内外の八供養、四摂、賢劫の十六尊、外金剛部の二十天等、乃至無量無数の聖衆、囲繞して大曼荼羅をなし給う。

かくの如く金剛界としての神秘実在の内容を心ゆくばかり観照した上で、この観照の境界はそのまま現実の世界に通ずるとの三昧で七処加持する。これはひとえに我が功徳の自力と、如来加被の他力と法界無碍の加持力との、所謂三力加持に依るものであり、この三力加持の神秘体験を現実に成就せんがために三力偈を誦《とな》えるのである。

さてこの様な神秘実在たる金剛界大曼荼羅の聖衆をば、先に荘厳せる心壇場の中に迎えて供養せんがために、大虚空蔵の印明を結誦して、虚空法界の宝蔵より種々無量の供養の具をととのえてこの段は終るのである。

5　奉請結護分

かくて物心内外の一切の迎請の準備がととのつたので、神通の宝輅を仕立てて須弥壇上の神秘実在界へ迎えに行くのが送車輅、聖衆すでに乗りて行者の心壇道場の上まで来り給うのが請車輅である。

ここで先にととのえし供具を曼荼羅各尊の位置にそれぞれ配分するのが小金剛輪、続いて道場の四方の門を開いて啓白し、大集会し給うを観見し、その徳を讃嘆して引入し、歓呼して迎請し奉るのが、啓請、開門、啓白、観仏界会、四智讃、四摂、拍掌である。

かくて降三世の印明を逆順に結誦して辟除し結界し、更に上方に於いて金剛網を覆い、周囲に金剛火焔を以つてめぐらし、金剛の鎖《くさり》を以つてその外をかこんで厳重に結護し奉るのが大三昧耶である。

6　供養讃嘆分

今や心壇道場には、神秘実在界よりお迎えせる曼荼羅の聖衆と、行者との全く水入らずの対面となり、すでに幾重にも結護して内外一切の戸締りを終つたのであるから、そこで先ず諸種の供養をなし、仏徳を讃嘆しその加護を祈願するのがこの一段である。

先ず閼伽の清水を以つて聖衆の御足を洗い、華座を捧げてその莚《しとね》となし、振鈴して五智の仏性を歓喜躍動せしめ奉る。これらは全く十八道と変りない。

これに次いで、金剛界の行法に於いては特にこの処で三十七尊の一々の印明を結誦するのである。即ち大日如来を始め、四仏、四波羅密、十六大菩薩、内外の八供養、四摂の諸菩薩の印明を次々と結誦してその三昧を展開し、更に賢劫の十六尊と外金剛部の二十天をもそれぞれ印明を以つて順逆に配置するのである（前述の金剛界三十七尊曼荼羅の章参照）。

かくてこれ等の聖衆を供養するために、理供としては内外八供養の印明を結誦し、更に塗香、花鬘、焼香、飯食、灯明の事供の作法をする。これ等は一々十方に遍満して雲海の供養となる事は、十八道の如くである。

更に四智護を誦じて仏の智徳を讃嘆し、続いてこれ等内外の諸供養を普く聖衆のみ前に展開する所の普供養の印明をなし、これ等供養の我が功徳力と、これに対する現見の如来の加被力と、無碍神秘の法界力との三力融合して成就する三力加持の偈を誦じ、かくてこの加持力に依れる加護を改めて祈願し、一々の聖衆を礼拝する礼仏をなすのである。

7　念誦修習分

すでに内外一切の至誠こめての供養をする事に依つて始めて自らが空しくなる。供養の功徳の最大なるものは身命を仏に捧げる事であると大日経疏に説かれているが、かくて我れ空しくなれば、我が内に仏光おのずから照し来つて、我が身心は神秘実在の仏性に満され、特に金剛界の本質たる五智を成就し、大日如来となつて三十七尊の三昧を実証するに至るのがこの一段である。一坐行法に於いてはこの段が最も肝要にして、正に仏と行者が心ゆくばかり感応し道交する要処であるから、特に時間をかけ、生命を燃して工夫すべきである。

ただ印明だけを型の如く結誦して素通りしたのでは何んにもならない。

今この段の内容を分けると、

先　入我々入観　本尊加持

次　正念誦　　本尊加持

次　字輪観　　本尊加持

となり、それに続いて、

次　仏眼仏母加持

次　散念誦

となる（仏眼仏母加持はこの段の初めに出せる本もあり）。

先ず入我々入観とは、『我れに入り我れは入る』の観で、その構えは弥陀定印に住して観照三昧に入る。前の段で悉く供養し終り、すでに空しくなつたのであるから、今まで仏の光を碍えていた心の曇りがおのずから晴れて来た。光を閉め出して内にばかりこもっていた心の窓が、一返に開けて来たので仏光流れ込む。これが初めの『我れに入る』の方で、次に仏我れに入ると雖も我れすでに空しくなれるが故に、本来の仏光がさしたまでであるから、仏の中に我れを空しくして入つた事になる。これが『我れは入る』であり、要するに両者とも実は同一事象の表裏で全く入我と我入と同時に成就するのである。かくて仏来るに非ず、我れ亦入るに非ざれども、ただ我執の妄念晴れたるが故に、仏光くまなくかがやき、その光に満されて本来の我が姿に還つたまでである。即ち仏と我れと、身体に於いて一つにつながり、生命が通い血が通う。いわば神秘実在の尖端たる我が内に流れ込んで来たのである。随つてそのままの身体で仏身を成就した事となり、所謂即身成仏するのである。そこで、引続いて次の本尊加持の印明を結誦して正に本尊の三昧に住するのである。

密教では即身成仏は誰でも、又何処ででも出来る易行易修の道である。何んの事はない我が身体は電球みたいなもので、電流が通わぬ間は光らぬが、通うて来ればそのまま光を放つて周囲を照らす。電球を一々取りかえる必要ないが如く、この身体を取かえる必要はない。全くそのままでよいのである。この三昧が本尊加持の印明なのである。

その印は智拳印であるが、これは左右の拳の風指を立て、左拳の風指人指し指を右拳で握り、右拳の風指を左拳の風指につける。風は息に通じ、息は所謂命息とて生命を表わす。即ち仏と行者とそのまま全く息が一つに通じ合い、乃至天地一切とも融合して、正しく本尊大日如来の三昧を現身の上に成就する。真言もまたこれに相応して大日の明である。

この入我々入観、本尊加持は、特に身密の上から仏と我れとの一体を成就するのである。

次に正念誦、本尊加持であるが、先ず正念誦は、その所作全く十八道と同じであり、珠数を焼香に薫じ、左右の掌に移しかえ、清浄を表わせる蓮花合掌に入れて𑖄𑖽字を誦じ、阿、鑁、吽の三身の種字を誦じて珠数を浄めに浄め、かくて浄珠の明を誦じて遍照の珠鬘となし、全く百八の福智の聚となすのである。

次に百八を十方に展開せしめて無尽無数となすため三度旋転し、

次にその珠数をつまぐつて本尊の咒を念誦する。この念誦に於いては、神秘実在の処より息風起つて我が内を通り、我が声帯に触れて声となり、真言となつて我が口より出で、その一字一文法界に遍じて自他の無明業障を照破するとの三昧で念誦するのである。その数は少なくとも百八遍以上に及ぶのがよろしく、数百遍を繰り返えし念誦してよいのである。

かくて念誦終つて、珠数を金剛合掌に入れ、額にあてて祈願して、焼香に薫じて置く。そして又先の如く智拳印を結び、大日の真言を誦じて本尊加持をなすのである。即ちこれは語密を通して、仏と我れとの一体三昧の成就である。

次に字輪観、本尊加持であるが、先ず字輪観は、我が心月輪中に𑖀𑖪𑖽𑖨𑖽𑖮𑖽𑖏𑖽の五字を観ずる。心月輪とは個体を超えたる神秘実在の霊体であり、それが我が心の本性をなして実在の尖端たる我れに内在する。恰もそれは満月円明の光の、くまなく一切を照らせる如くなる故に、心月輪という。

今この心月輪を、平面と見ずに、大円明の宇宙を包める球体と観じ、その真中に𑖀字を置き、その周囲に𑖪𑖨𑖮𑖏の四字を配置する。この場合周囲の四文字は個々の差別の現象を表わし、真中の𑖀字は一如平等の本質生命を示す。一切の万象、𑖀字より出でて万象となつて展開し、又悉く集まつて一𑖀字に帰入する。𑖀字は息を表わし、息は生命を示す。随つて𑖀字の命息、我れより入つて心月輪の𑖀となつて宇宙に展開して万象に通じ、万象の息一つに集つて𑖀となり我が鼻吼より出ずる。即ち出入の息に於いて仏と我れと正に一体と成る。かくして又本尊加持の印明を結誦するのである。これは特に意密を通じて一体三昧の成就である。

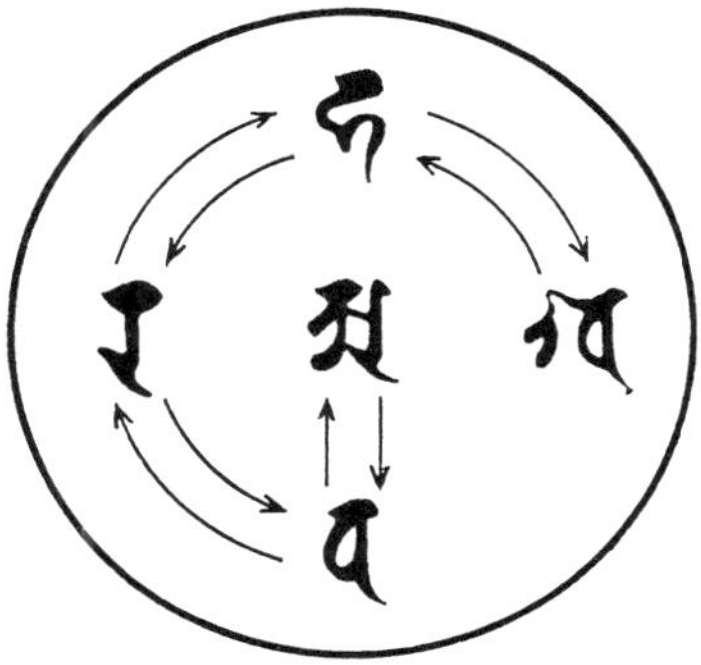

かくて身語意の三門を通じて、仏と我れと真に一体なるを心ゆくばかり体験し成就し終れば、我れに五智の心眼自然に開けて、恰も円明の智鏡となり、一切を明了に映し現して悉くその内容となし、神秘実在の大霊格体たる宇宙法界を己の身心となすに至るのであるが、この三昧が次の仏眼仏母加持の印明の結誦となるのである。

かくて珠数を取つて心ゆくばかり聖衆の真言密咒を念誦して、法悦を味わい、祈願をこめるのが、その次の散念誦である。随つて散念誦の真言の遍数は本来一定せぬのであるが、但し加行に於いては、一応その数を定めてあるのであるから、加行者は必らず、所定の遍数を念誦すべきである。

8　後供方便分

あの手この手で仏と我れとの一体三昧を成就し、我れ全く仏と成り、金剛界としての本質を体験し終つた。随つて、先に神秘実在界よりお迎えせる聖衆に、後の供養をなして本位へお還えりを願うのがこの段である。

先ず後の供養として理事の二供をなし、最後に閼伽の浄水を供じて聖衆のみ口を漱ぎ、後鈴を振り、讃を唱え、普供養、三力加持、祈願、礼仏等を前の如く至心に行ずる。

そしてこれ等行法の功徳を自他の一切に回らし向ける回向をなし、最後に至心回向の偈文を誦じ終て回向し奉る。

これが終れば珠数を摺つて祈念し、かくて先きに結護せるものを一々解界し、左の花鬘の残花一を、外縛中指の指端にはさんで撥遣する。聖衆はこの一葉に乗つて一瞬にして本位に還り給うのである。

以上の如くすべて行じ終つて再び仏部、蓮花部、金剛部、被甲を結誦し、一坐行法の内証を堅固確実に身につけたりと覚悟の臍《ほぞ》を堅めて壇を下り、そのまま金剛の戦士として実社会の野に立ち向うのである。

以上を以つて金剛界の行法を解説し終つた。

七　胎蔵界曼荼羅

胎蔵界の行法は、胎蔵界十三大院曼荼羅の聖衆を拝む秘法である。それで、先ず行法の解説に入る前に胎蔵界曼荼羅に就いて一通り心得ておかねばならない。

胎蔵界とは、宇宙法界を已《お》のが身とし給える大日如来のすべてを生み出し育む事、恰も母胎の一子を蔵して養い守るが如くなる大慈悲の働きの展開をいうのである。大日如来よりすれば、宇宙の万象は一をも洩らさず悉く自らの身体の内容なるが故に、たとえ一茎の草、一粒の砂に対しても、自らと同一体の愛を以つて育み給う。恰もそれは、我が身体に於いて毛髪の一本でも已のが身の内なるが故に、おのずからに血液が通い生命が通じて育むが如くである。随つて仏は種々に身をかえ、姿をかえて米となり、水となり、光となり、更にあらゆる文化現象となつて、あの手この手と我れ一人を育む事、恰も親の子に対するが如くである。このような仏の愛と手だてを同体大慈悲と云い、

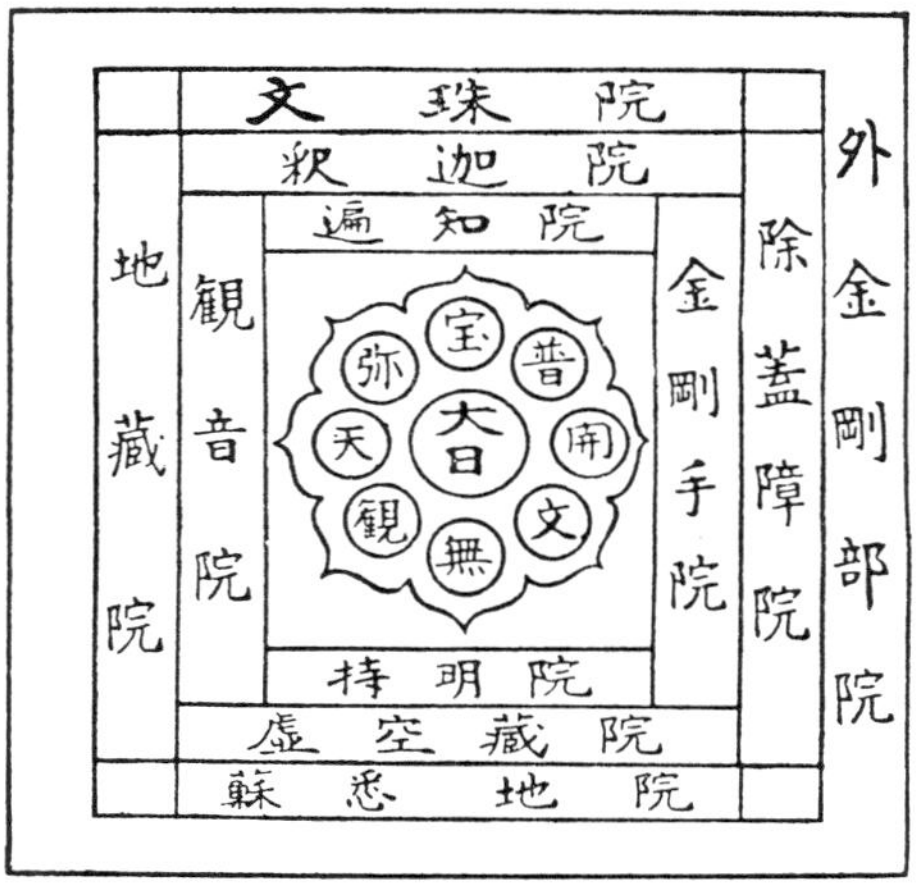

胎蔵界十三大院曼荼羅

この内容の展開を法性の胎蔵界曼荼羅というのであるが、これを一定の図の上に現わしたのが現図の胎蔵界十三大院曼荼羅である。

現図に於いては、先ず同体慈悲の本質を赤色の大蓮花で表わす。赤は密教では暫らく愛の色とする。この大蓮花を先ず中央に画いて、その愛の中心たる蓮花の台実に大日如来を置き、更にその内容を四方に分析して宝幢、開敷花王、無量寿、天鼓雷音の四仏とする。同体慈悲たるや、先ず自他一如宇宙一体のそれを我の真実相と知つて、この大なる我れに生きんとする菩提心が根本となるから、その菩提心を幢旗とせる宝幢仏。更に、この菩提心の種子より大慈悲の花八方に開くが故に開敷花王仏、この大慈悲がおのずから働きとなつて先ず無量の説法をするのが無量寿仏、更に、自在の方便となり適切有効な手段となつて、衆生の各々を一子の如く育む天鼓雷音仏となる。この四仏を夫々に助けるのが普賢、文珠、観音、弥勒の四菩薩である。以上四仏四菩薩の八尊を、同体慈悲の本質を示せる大蓮花の八葉の花弁にそれぞれ配し、この集りを中台八葉院という。

この様な大慈悲は、小我への執われや、貪瞋痴を降伏する事に依つて発生する故、この降伏の三昧に任せる聖衆の集りを持明院といい、かくて神秘の実在を遍く開見して大慈悲心を十方に展開するのであるから、その正智三昧の集りを遍知院という。

この様に正見を開いて遍く衆生を観察し、その所求や機根に応同し、各層に向つて種々の三昧を現じ、種々の姿を以つて種々の法門を説き給うのが、次の観音院（蓮花手院）、金剛手院、文殊院、虚空蔵院、釈迦院、蘇悉地院、除蓋障院、地蔵院、四大護院、外金剛部院のそれぞれの聖衆の集りとなる。これを胎蔵界十三大院曼荼羅というのである。

八　胎蔵界の行法

胎蔵界の行法は、胎蔵界十三大院の曼荼羅を拝む三密瑜伽の行法にして、その本経は大日経（大毘盧舎那成仏神変加持経）である。この経の中、特に第七巻が供養次第法にして、専らこの経の教えに基いての行軌作法が説かれているので、胎蔵界の行法はその源をたださばこの第七巻より出でたるものという事が出来る。大師の『胎蔵梵字次第』も恐らくはこの第七巻を基本としたものであり、それに金剛界次第の如くやはり『蓮花部心儀軌』を参酌されたものであろう。然るに大師入定後三十年して宗叡に依つて『青竜儀軌』三巻が請来された。青竜儀軌は、恵果和上の孫弟子に当る法全が青竜寺に於いて編せられてもので、大日経第七巻の次第を更に行様に適するようにしたものであり、それよりこの行軌に依りて先徳達が盛りに胎蔵界行法次第を編まれた。今この処に用いるものは、石山寺の淳祐内供が元杲若しくは雅真等のために編せられたものである。

さてその行法は単なる一尊ではなくて、胎蔵界曼荼羅の諸尊聖衆を拝むためのもので、随つて金剛界と同じく都法立であり、又相当に印明の数も多くあつて手がこんでいるから大法立でもある。しかもその一貫せる経路は、やはり他の行法と同じく神秘実在界にいます胎蔵界十三大院の曼荼羅を、行者自身の心壇道場にお迎えして供養して、やがてその曼荼羅の本質を心ゆくばかり体験し終りて、聖衆を本位へ撥遣する所作になつており、その内容を元杲の『胎蔵念誦次第私記』に依つて左の十に分ける事が出来る。

一、上堂行願分　上堂儀式より三力まで。

二、三昧耶戒分　地結より囕《らん》字観まで。

三、成身加持分　大真言王より無堪忍大護まで。

四、事業道場分　驚発地神より持地まで。
五、秘密道場分　大羯磨より小金剛輪まで。
六、召請結界分　浄地より火院まで。
七、諸会諸聖分　一切仏身より諸人まで。
八、供養讃嘆分　理供塗香より礼仏まで。
九、念誦修習分　入本尊観より散念誦まで。
十、後供方便分　後供養より護身法まで。

以上

これらの各段を解説して行く前に、金剛界の行法を拝む場合と特に異なる諸点を指摘しておく必要がある。先ず次第の中に普礼印とある場合、金剛界では金剛合掌であるが、胎蔵界では蓮花合掌である。定印とある場合、金剛界では弥陀定印であるが胎蔵界では法界定印である。これは金剛界と比較しての胎蔵界の特質に基づくもので、胎蔵界は特に同体大慈悲の心性を表わす蓮花を以ってその本質とし、この大慈悲の上に立つて衆生の性質意慾に応同しての三密の無尽の展開がその曼荼羅の様相をなすからである。然るに金剛界の特質は一切を照して悉くを自らの生命の内容となす智光にして、それを表わすのに円明なる月輪を以つてし、しかもそれを五智として重々に展開して三十七尊の曼荼羅をなしている。

随って定印の場合でも金剛界は観照三昧（智）の弥陀定印になし、胎蔵界は止住三昧（理）の法界定印にする。随つて古来より金剛界を智といい、胎蔵界を理という所以である。

尚垢穢を除いて清浄にするために水や供物を加持する印明も、金剛界は半五鈷印、降三世小咒（小三古印軍茶利小咒）であるが、胎蔵界は不動剣印、一字咒を以つてする。これは金剛界大日の忿怒降伏の三昧に住せる教令輪身が降三世明王で、第一手には五智を表わす五鈷杵を持ち、胎蔵界大日の方は不動明王にして大慈悲の蓮花を頂に載せ、左手に利剣を執り給う。即ち何れも金胎両部各々の特質を発揮して除障の三昧を示しておられるから、夫々相応の印明を以つて加持するのである。

さてこれより各段の解説に入る事にする。

1 上堂行願分

先ず行者自身、道場に入り登壇して、行者としての身仕度をととのえ、聖衆をお迎えするための事由を繰り返し表白し、加護を請うのがこの一段の始終である。

行者自身の道場に入るには、手を洗い口《くち》を漱ぎ終つて浄衣を身につけ、金剛薩垂の三昧に住して法界道場に入り、壇前に至りて端身正立し、五体投地の三礼をして登壇し着座し、塗香を以つて身器を浄め、浄三業、仏部、蓮花部、金剛部、被甲の所謂護身法を結誦して、真言行者として身仕度をととのえる事は、全く金剛界と同様である。

次に加持香水しては内外を浄めて心を純一にし、更に加持供物して供養の品物を浄め、心眼を開いて観仏し、これらの聖衆にこちらを向いていただくために金剛起をなし、かくて普礼して、次に仏をこの場にお迎えする事由を表白するのである。

因みに注意せねばならぬのは、胎蔵界の行法ではこれ等の加持はすべて不動剣印、一字咒でするし、なお洒水器の蓋はとつたままで次へ進む。

さて表白する事由とは普賢行願の成就のためであるが、普賢とは虚空いっぱいに光を放てる月輪の如き神秘生命をいい、この様な本質をお互いにみな共通して内に持つているので、この普賢の本質を自他の生活の中によびさましみがき出して真に自他一体となつて行く所に衆生としての生きる道がある。その事の実現を願い行なって行くのが普賢行願の生活であるが、そのために特に今は胎蔵界曼荼羅の聖衆をお迎えするのであるから、その事由を赤心こめて表白する。そしてその上、行者自身の当面の諸種の願いをも併せて請うのがよいのである。

次にこの事の成満のために、諸天善神等の権類実類の神々に此の道場を外より守つていただかねばならぬので、法楽を捧げてその外護を請うのが神分祈願である。

次に九方便を誦える。これはやはり真言行者の普賢行願の内容を九つに分けて表白するので、金剛界の場合は五悔にしてこれはおのずから五仏に配され五智を展開する径路となるが、胎蔵界では中台八葉の九尊に配して大慈悲を出生する九つの方便とするのである。

九方便を誦える前に、先ず三宝に至心に頂礼し、次に已れを空しうして仏の大慈悲の母胎に入るのが入仏三昧耶。そこより仏子として生れ出ずるのが法界生で、かくて九方便を誦えて再び普賢行願の表白をするのである。

九方便の中、先ず三宝を礼して自らを省みれば、罪業満つるが故にそれを悉く懺悔し、改めて仏法僧に帰依し、かくて身命を捧げてしまえば小我の執念を超えて自他一如の大菩提心を生じ、かくて仏の大慈悲方便に随喜するが故に、諸の聖衆をこの場に勧請し、特に清浄の法身を心中に喚び起してそれに安住し、この功徳を自他一切のために廻らし向けんと祈る。これが作礼と出罪と帰依と施身と発菩提心と随喜と勧請と奉請法身と回向との九方便である。

かくてこの九方便をなし終つて、我れこそ正に法界の大身なりとの自覚に住して法輪を転じ、あらゆる障りを除いて普賢行願の成就を期するのが転法輪と、無動金剛能成就である。

次に勧請の句を誦えて三度普賢行願の表白を繰り返す。この場合は発願でもよいのであるが、ただ勧請は胎蔵界曼荼羅の聖衆の名を列ねて請い、発願の方は総じて誦えて願うのである。そして以上繰り返し表白して来た胎蔵界としての普賢行願をば、次の五大願に纏めるのである。五大願は、衆生と我れとは自他一体の普賢の本質なるが故に、先ず自らの一切の妄執を除かんと誓い、それがそのまま一切衆生の苦しみを抜く事となり、その事のためには一切の教法を修習し、一切の仏に奉仕せねばならぬからその事を順次に誓願し、結局これは自他一体の普賢大菩提の証得となるのであるから、最後にその事を誓うのである。

かくてこれらの普賢行願の真心をば、虚空に遍満し仏の御前に展開して普ねく供養するのが、虚空蔵転明妃で、この我が功徳力と、現見の如来の加被力と、及び神秘実在なる法界無碍の加持力との三力一つに融合して、この処に効験顕われ所願成就するのである事を誦えるのが三力加持である。

かくて念珠香呂を取つて金一丁して本所に置き、次の段へ移る。

2　三昧耶戒分

この一段は総じていわば、前段で一応普賢行願の表白が終つたので、これからいよいよその事を行使するに当り、先ず曼荼羅の聖衆をお迎えするための心壇道場を築き、特に胎蔵界としての本質を堅固にするための所作である。

先ず地結、四方結において心壇を築く事は金剛界と全く同様である。この心壇は胎蔵界の本質たる大悲慈に依つて荘厳されねばならぬのであるが、その大悲慈たるや、己れを空しうして仏大慈の母胎に入り、そこより仏の子として生れ出る事に依つて生ずる―いわば神秘実在より盛り上れる―我れとなり、即ち金剛薩埵として生れ出るものであるから、先ずそのために入仏三昧耶と法界生の印明を結誦する。かく大慈悲の法輪を十方に展開するのが転法輪であり、そのために大慈悲の甲冑を被て行者自身の身心を守るのが擐金剛甲、更に嚂字の智火を以つて一切の障りを除くのが嚂字観である。

3　成身加持分

かくて前段にひき続き、神秘実在にいます諸仏の加持に依つて大慈悲の本質を展開するのがこの段である。

先ず大慈悲の根本である中台八葉の台実にいます大日の三昧に住するのが大真言王、それが八葉の花弁の上に展開して、宝幢（大威徳）、開敷花王（金剛不壊）、無量寿（蓮花蔵）、天鼓雷音（万徳荘厳）、普賢（一切支分生）、文殊、観音（世尊陀羅尼）、弥勒となる。この大慈悲の働きを法界に遍満して至らざる処無からしむるのが遍法界無所不至と、布字満足句であり、この大慈悲の心壇を、大力を以つて、堅実に守護して傾いたり壊れたり無からしむるのが無堪忍大護である。

因みにいうがこれは胎蔵界十三大院の中の中胎八華院と四大護院とに当るのである。

4　事業道場分

この大慈悲の心地を打立て現実に道場を荘厳するのがこの一段であるが、本経である大日経には、『七日作壇の法』とて、七日間かかつて壇を築く作法が説かれているので、いまこの胎蔵界行法次第の特にこの段ではその事を印明に依つて結誦するのである。

先ず壇を築くのには、寂静にして清浄なる地を撰んで地神をよび起し、守護を請うのが驚発地神、更にその地の悪土を去り、浄土となすためには地神持次第を作す。これらは何れも七日作壇の第一日の作法で、かくて第二日目、第三日目の作法としては、壇を築き宝を埋めて塗り上げる所の作壇をなし、第四日目の作法たる洒浄香水と、第五日目の堅牢地神等を勧請して、心壇を守護し堅固ならしむる所の地神勧請偈を誦えて、持地の印明を結誦する。さて作法の上では、この時まで洒浄水器の蓋をとつたままでおき、この事が終つてから蓋をする。

かくて第六日目には、更にこの心壇道場に引入すべき弟子を加持し受戒誓約せしむる作法をするのであるが、加行の場合では、専ら行者自身の自行なるが故にこの作法は省いて、心壇の上に曼荼羅を荘厳する第七日目の作法に入るのである。但しこれは次の段で行ずる。

5　秘密道場分

この段は、神秘実在界たる曼荼羅の本位より、聖衆を心壇道場に迎えるに当り、それに相応して道場を荘厳するのであるが、その前に先ず神秘実在界そのままを観照する事から始めるのである。

先ず大羯摩と称して、広観の道場観の最初になす所作をする。これを器界観というのであるが、それは外五鈷印を結び五字輪観に住する。五字とは、𑖏、𑖮、𑖨、𑖪、𑖀にしてこれは、空、風、火、水、地の五大を表示する。大宇宙の実相たる神秘実在界を構成せる原素——それは物質的なものではなく、全く物心不二の生命原素とでもいうべきもの——の一ばん始めは空大である。それはからつぽの意ではなくて生命内容の充満した宇宙一ぱいの霊的エネルギーである。それが漸次具体的な働きを現わして来て天地に活躍せる風大となり、その働きはおのずから熱気を生じて火大となり、遂には蒸気から水となつて水大となり、それがおのずから堅まつて地大となる。この様に先ず道場成立の根本から観照してその上に須弥山を観じ出し、その頂きに法界宮殿を観じ、宮殿中に曼荼羅を観ずるを広の道場観といい、須弥山より観じ始めるを中の道場観、法界宮殿より観ずるを略の道場観という。金剛界の行法は中、十八道の場合は略であるが、今胎蔵界は暫く広の道場観に依るのである。

さてこの様に、五字輪五大の神秘実在を構成せる生命原素の始めより観を進めて、次に正しく法界定印に住して道場観に入る。それは須弥山を観ずる。須弥山とは梵語にして妙高山と訳し、古代印度の世界観を具象せるものである。それで先の地大の上に[梵字]字あり、これは大海を表示したもので、その海中に[梵字]字ありて大智の火焔を表わし、その中に[梵字]字あり、八葉の大蓮花にしてそれは五鈷金剛杵を茎となす。即ちどこまで具体化されても五大、若しくは五智の生命原素に貫かれたるを表示したものである。

この大蓮花の上に須弥山ありと観ずる。その形は頂上の広がりたる高き山にして、その周囲の一番外には先ず鉄囲山かこみ、更に内側に向かつて漸次に高く七重の山がかこんでいる。これが七金山である。その山と山との間には八種の妙なる功徳をもつた水が湛えられて居り、その中央に須弥山は一きわ高く聳えているのである。

しかもその須弥山の四方の海中には四洲あり、東勝神州、南胆部《せんぶ》州、西牛貨《ごけ》州、北倶楼《くる》州という。これらの四州には夫々有情が住み、その中の南胆部州はいわば地球の如きもので所謂人間が住んでいるという。四洲の上にありて日と月とは、須弥山の周囲を交互にめぐつているというのである。

さてこの須弥山の頂上の周辺には八つの峰が聳え、それ等にかこまれて中央には大羯摩輪ありと観ずる。羯摩とは、三鈷杵を交えたる輪にして、神秘実在より無限の個体を生じ、その各個体皆それぞれに三密を以つて、無尽に実在の内容を荘厳している事を表示したものである。この大羯摩輪を土台として、その上に三重の階道に依つてかこまれた壇ありと観ずる。

次に理智不二の如来挙印を成して、この壇上に法界宮殿を観ずるのである。この法界宮殿とは神秘実在の内景を具象せるもので、その宮殿の中央に大宝紅蓮花王あり、即ちこれが大慈悲胎蔵の本質である中台八葉の赤の大蓮花である。この蓮花の上に白浄の月輪を観じ終つて、次に実在止住の法界定印に住し、更に観照を進めるのである。即ち月輪の中に[illegible]字を想い、更にそれを具象すれば五輪の法界塔婆となる。これを人体を以つて表示すれば、頂きには宝冠を被り、衆宝を以つて瓔珞となし、微妙の身光を放つて遍く法界を照らし給える法界定印の大日如来と成る。

その八方の花弁の上に[illegible]、[illegible]、[illegible]、[illegible]、[illegible]、[illegible]、[illegible]、[illegible]の八字を観じ、各々、宝幢、開敷花王、無量寿、天鼓雷音、普賢、文殊、観音、弥勒の四仏四菩薩となつて大慈悲を展開し給う。この中台八葉をかこんで、三重の階道には無数の聖衆囲繞して、十三大院の曼荼羅を成すと観照するのである。以上が道場観である。

さてかくの如く神秘実在の中に大慈悲の本質たる胎蔵界曼荼羅を観照し終つて、これ等の聖衆に供養するためのあらゆる供具を調備するのが虚空蔵転明妃の印明、更にそれを夫々曼荼羅の位置に配分するのが小金剛輪である。以上でこの段は終る。

6　召請結界分

心壇道場の荘厳成り、供養の具も調備し終つてので、聖衆を迎請し、歓待し、結界し、守衛するのがこの一段である。

先ず浄地の印明を結誦するのであるが、それは、焼香の印で香煙を薫じて通路を浄め、次に奉請偈を誦えて大日如来を始め曼荼羅の聖衆を至心に請し奉るの言を述べ、大鈎召を以つて招きよせて道場に引入し、不動剣印、慈救咒を以つて逆順に転じて、障難をなす眷属を辟除し、侵入を防いで結界する。

そして先ず閼伽の浄水を供じて聖衆のみ足を洗う。但しこの場合、浄水加持の印言は不動剣印一字咒である。続いて花坐の印明を結誦し、無数の蓮花を出生してそれぞれの蓐《しとね》となし、振鈴を以つて聖衆を歓喜躍動せしむる。

かくて心壇道場に来至し給える聖衆を護衛するために、執金剛の印明をなして内より起る心魔を防ぎ、次に怖魔の印明を結誦して外より犯す障碍を払い、虚空網、火院、大三昧耶を以つて二重三重に道場を結界守護するのである。

7　諸会諸聖分

この一段では、先に心壇道場に迎請せる曼荼羅の聖衆を別観する。即ち、中台八葉院における大慈悲三昧の展開を、更に四方に向つて延ばし、衆生の各層に応同して、それぞれ適応せる三昧を示現し給う所の他の十二院を別々に観照するのである。

先に成身加持分の所ですでに中台八葉院と四大護院とはその三昧を示現し終つたので、この処では先ず一切仏心と一切菩薩を結誦して遍知院を代表する。一切仏心はこの院の中央主尊たる三角智印、即ち一切の仏の心印であり、一切菩薩は大勇猛菩薩の事で、一切の菩薩の代表である。

次の観自在は、観音院蓮花部の主尊であり、次の金剛手は、金剛手院金剛部の主尊である。また不動尊は持明院における除障降伏の三昧を代表し、次の文珠は文珠院を代表する。又除蓋障は除蓋障院における三昧を示し、地蔵は地蔵院における首座、虚空蔵は同じくこの院を代表し、釈迦はやはりこの院の主尊、次に諸菩薩はその他の諸菩薩を代表して通印明を結誦する。随つて蘇悉地院はこの中に摂せられる。即ち蘇悉地とは梵語で妙成就と訳し、これら十二院の諸仏菩薩の大慈悲の行願の成就を三昧とするからである。

最後に、外金剛部院としては、十二天並びに諸人の印明を次々に結誦して、この院の三昧を代表せしむるのである。以上、十三大院の曼荼羅を示現し終つた。

8　供養讃嘆分

今や心壇道場には神秘実在界そのままの曼荼羅の荘厳成り、十三大院の聖衆各々の三昧に住し給う、かくて理事の二供を始め、諸種の供養をなし、その加護を祈願するのがこの一段である。

先ず理供としては塗香、花鬘、焼香、飯食、灯明をば印明を以つて供養し、更に夫々の事物を持花の印に載せて現供をなす、勿論これらは一々雲海の供養と成るのである。ただその作法において供具を加持する場合は、不動剣印一字咒を以つてせねばならぬ。

次に讃は心略讃を誦えて、特に大日如来の大慈悲胎蔵の三昧を讃嘆する。かくてこれらの供養を遍く尽虚空に展開して供養するために虚空蔵転明妃を結誦し、これらの供養の我功徳力と、現見如来の加被力と、無碍神秘の法界力との三力融合道交して、所願成就する三力加持の偈を誦じ、この立場から仏の加護を請う小祈願をなし、胎蔵界曼荼羅の聖衆を一々礼拝する礼仏をして、次の段に移るのである。

9　念誦修習分

この一段は金剛界の場合と同じく、この行法の最も肝心の要処にして、本尊と行者と真に融合して一体となり、胎蔵界曼荼羅の本質を悉く行者の身の上に実証体験する所作を行ずる。今その内容を大別すると、

先入本尊観とそれにつづける本尊加持の二印明（大日剣印と無所不至）

次正念誦と同じく本尊加持

次字輪観と同じく本尊加持

かくて最後に、

散念誦　となつている。

その中、先ず入本尊観に於いては、法界止住の三昧たる法界定印を結び、行者自身、一切内外の供養をなし終つて、今や全く空しくなれるが故に、そのまま本尊の大悲胎蔵の母胎に没入して、全く一如となる。この所に至つて初めて、神秘実在の法界身こそ真実の我れなり、と覚るに至り、それに住して生きる此の身となるのである。

かくて本尊の三昧を示現するのが次の本尊加持の二印明となる。

その第一印は大日剣印にして、これは五仏の宝冠を表わし、この印を直ちに我が身の頂きに置いて正に即身成仏の覚体を成就するのである。即身成仏とは、此の身の上に五智の仏性を盛り上げ五仏の覚体を荘厳するにある。此の肉身も本来はその事のために此の世に生れて来たのであるが、ただそれが殊更にはゞまれていた――五尺の肉体が自我の全部だという妄念我執に隔てられていた――然るに今、神秘実在の覚体より盛り上れる身であり、宇宙法界身の尖端としての我れである事を如実に知つて、五仏の宝冠をいただき、その三昧に住せるのが、正にこの印明である。

第二印は無所不至印にして、これは率塔婆印ともいい宝珠印ともいい、又六大四曼三密印ともいう。率塔婆は梵語で功徳聚と訳し、神秘実在の内容をなせる福智の集積にして、それ亦如意宝珠を以つて表わす故、宝珠印ともいう。又その内容は、六大無碍・四曼不離・三密加持の理を一つにつかねて蔵するが故に、六大四曼三密印ともいう。この場合両手の地水火の各々六指を合するは六大無碍を、風空の各々四指の端を相つけるは四種曼荼不離を、又随つて生ずる三つの吼は三密加持を表わす。この印は何れにしても法界体性身たる大日如来の心肝を表示したものである。

随つて大日経疏にはこの一印明を、『一部経中の正宗の体也、即ち是れ毘盧舎那仏心也』と讃している。要するに、この一印明を結誦して即身成仏の内的体験を確実にするのである。（因みにこの第二印に就いては一本には金剛合掌とあれども、今は無所不至塔印の説に依る事にした。）

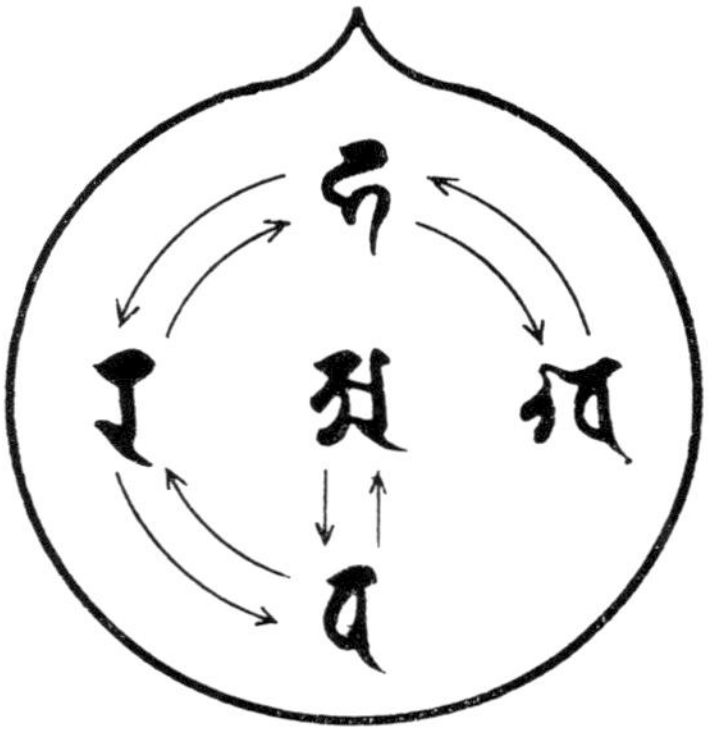

以上入本尊観、本尊加持は、身密を通しての実証であるが、次の正念誦、本尊加持は語密を通しての一体を成就する。正念誦の所作は全く金剛界の場合と同じであるが、ただ念誦の真言が𑖀𑖪𑖰𑖨𑖮𑖳𑖽𑖏𑖽の五字明である。それに続く本尊加持は前に同じく二印明を結誦するのである。

終りに意密を通しての一体三昧を成就するのが字輪観、本尊加持である。字輪観に就いて、胎蔵界では特に九重の満月輪を心内に観照する。九重の月輪とは、中台八葉に於ける九尊であり、それは又衆生心内の九識をも表わす。九識とは第九奄摩羅識、第八阿頼耶識、第七末那識、第六意識、前五識の眼耳鼻舌身であるが、この九識が胎蔵の本質を体現すれば中台八葉の九尊となるのである。

さて特に九重の満月輪とは、九つの月輪を恰も塔の上の九輪の如くに重ねるのであるが、これは衆生の心識に於いて、第九識より第八識乃至前五識と次第に上に重ねて行けば、恰も如意宝珠の球底より盛り上れる尖端となるが如く、一如平等の神秘実在より差別の個体を盛り上げそれを通して意識活動をなしている事を表わす。随って『自心に九重の満月輪あり』とは結局如意宝珠を我が内に観ずる事になるのである。

今宇宙いっぱいの如意宝珠を観じ、その尖端を我が肉体とすれば、我が心は満月円明の宝珠となる。さてその宝珠の真中に𑖀字、その周辺に[illegible]と配置する。

この場合周辺の四字は個々の万象を代表し、真中の阿字はこれ等一切を貫く根本生命を表わす。阿字は息であり、息は命息とて生命を象徴せるもの。随つて阿字の命息、我が出入の息となつて万象に通じ、法界に遍じて正に我れと法界身と万象と全一となつて永恒に生きるのである。

かくてこの処に本尊の三昧を示現する事となり、先の如く本尊加持の二印明を結誦するのである。この様にして、正しく身語意の三門を通して本尊と我れと全く一体となり、あの手この手で即身成仏の秘義を尽す。かくてこの法悦おのずから溢れて余韻となり、これが次の散念誦として、聖衆の真言を珠数をとつて心ゆくばかり念誦するのである。

10　後供方便分

前段に於いて仏我一体の妙境を成就し、即身成仏の秘義を実証したので、先に迎請せる本尊聖衆を曼荼羅の本位に送り申し上げるのがこの一段である。

先ず初めに、後供養として再び理事の二供をなし、閼伽の浄水を供じて聖衆のみ口を漱ぎ、後鈴をし、讃を誦じ、虚空蔵転明妃の印明を以つて普供養し、三力加持、小祈願、礼仏等を先の如くになし終つて、回向する事、金剛界の如くであるが、但し回向方便は胎蔵界の九方便の中の最後の一句を以つてするのである。

これが終つたら、順次解界の印明を結誦して結界を解き、救世加持の作法を以つて仏法僧の三宝の常住を祈りて、聖衆を本位に撥遣する。

かくて最後に、仏部、蓮花部、金剛部、被甲の護身法を結誦して壇の上に於ける実証を確実堅固にし、金一丁して壇を下り三礼して、教化の一線に立ち向かうのである。

以上を以つて胎蔵界行法の解説を終る。

九　不動護摩の行法に就いて

先ず護摩とは、梵語で、火祠の法の事をいい、火を焚いて火中に供物を投じ、これに依つて供物を諸神に運び、供養者の本意を神に通ずるとの外道の信仰に基づて居り、この様な信仰が、後に密教に摂取せられて、単に世間的な悉地である除災招福のみならず、成仏等の出世間的な悉地をも成就する秘法となつた。随つて密教では、火を燃し供物をその中に投ずる等の事作法を外護摩と称し、それに即して火を以つて如来の智火となし、この智火を以つて煩悩の薪を焼くという風に観じて行ずるを内護摩というのであるが、この内外相応する所に密教護摩の立場がある。大日経疏第十五巻には『当に知るべし此の内外の護摩を皆殊勝と名づく、若しこれと相応せざれば徒らにして益なし、猶し外護摩を作すが故に、能く内護摩の中に引入せしむ、然も内外の理もと差別なければ世間の成就を求むる者のために、此の分別をなして外護摩を作さしむ』と説いている。

この様に、世間出世間の願望を成就せしむる目的により経軌に依つて多少異りはあるが、大体に、息災、調伏（降伏）、増益、敬愛、鈎召の五種に分ける。世間外護摩の立場からいわば、息災は世上の災厄を除き、調伏は怨敵悪人を降伏し、増益は福徳を増し、敬愛は他人の敬愛を集め、鈎召は他をして自らに同調順応せしめる。

併しこれを出世間内護摩の上からすれば、息災は浄菩提心の本来寂静にして、煩悩の全く止息せるをいい、調伏はその浄菩提心一度起つて煩悩業障を断除し、増益はその浄菩提心の上の福智の増進であり、敬愛は妄念を菩提の働きに会入せしめて仏の妙愛たらしめ、鈎召は他をして悉く仏果に召人同調せしむるをいうのである。

密教の儀軌に依れば、更にその護摩が息災であるか増益か乃至鈎召なるかに依つて、炉の形や方向や色などを異にする事が説かれている。

（息災）	（調伏）	（増益）	（敬愛）	（鈎召）
（炉形）正円	三角	正方	蓮花形	金剛形
（方向）南向	北向	東向	西向	諸方向
（色）白	黒	黄	赤	一切色

さて四度加行では専ら息災護摩を行ずるのであるが、息災法の中には他の四つをも兼ねられる事になっている。それはこの五種の護摩を五部に配すれば、息災は仏部、調伏は金剛部、増益は宝部、敬愛は蓮花部、鈎召は羯摩部に相当するからで、しかも仏部は他の四部を総べているからである。

しかのみならず、四度加行の護摩供は、加行の成満を特に祈願するために最後に行ずるものにして、即ち従来修し来れる十八道や金剛界胎蔵界、特にこれより修する当面の本尊の念誦供養法の行法を資助し、これを堅実にする方便として行ぜられるのであるから、護摩法を修するには、必ず先ず一尊の供養念誦法を修する事になっている。この場合、念誦法を修したるその壇のままで護摩に移るを即壇護摩といい、念誦法の壇とは、別の壇にて護摩供だけを修するを離壇護摩というのである。

しかも今その対象となるべき本尊のあるはずにて、その本尊法に皆相応せる護摩供がついているのであるが、四度加行ではこの場合の本尊は不動明王になっている。不動明王は火性三昧とて、大智の火焔を燃してその中に住し給う故に、火を焚く護摩の本尊としては最も適切である。随つて、先ず不動法を修し、続いて不動護摩供を行ずる事になつているのである。

この不動護摩供に於いては、その部主段は般若菩薩、諸尊段としては五部三十七尊の曼荼羅、世天段では十二天・七星・九曜・十二宮・廿八宿等を供養する。尚その一番初めに火天段を設けるのは、火そのものが火天であつて、随つて火を焚く護摩は、必ず火天の守護なくては成し得ぬからである。以上火天、部主、本尊、諸尊、世天の五段に構えて護摩供を行じて悉地成就を祈るのが、四度加行の護摩法である。

今この護摩法を説ける経軌は多くあれども、不空三蔵訳の『金剛頂瑜伽護摩儀軌』を基とする。ただこれが広辯で、必ずしも行用に適切とはいえぬ所から、先徳方に依りて諸種の護摩次第が編せられて居り、我等の現在用いている所のものは、道範の『息災護摩次第』である。

さて以上説き来りたるが如く、四度加行に於いては、不動法に就ける護摩供を行ずるのであるが、日常実修して行く便宜上、暫く念誦法と護摩供とを切り離して、所謂離壇護摩として、先ず不動法より解説して行く事とする。

十　不動法

不動法を解説する前に不動明王の内証等を知る事が必要である。不動明王の事は大日経並疏等に詳しく説く所にして、現図曼荼羅では大日如来の教令輪身として胎蔵界曼荼羅の持明院に住し給う。堅固不動の菩提心に住する故に大聖不動と称し、大日の使者奴僕としてその教令印明を護持する故に明王という。身の青黒色なるは自在無碍の働きを示し、頂の七つの髻髪は七覚支、更に左肩に垂れる一弁髪は大悲の想いを深く衆生の迷界に垂れるを表わす。左手の羂索は鈎索鏁鈴の四摂の方便にして、降伏せざるものをあくまで召縛し、右手の利剣は秘密般若の恵刀にして、煩悩妄念の根源を断つ。大磐石に住するは大菩提心の堅固不動なるを示し、遍身に火焔を出すは無明の障暗を焼くの意である。首髪の中に蓮花を頂くは大慈悲を執持して離さず、額によせる水波の皺は苦界の衆生を救わんがために苦慮し給う。肥満童子の姿は行者のために奴僕としてあくまで菩提行願の成就を守り、大忿怒形は威嚇怖畏して障難を除くの勇断を示す。

要するに神秘の大実在として宇宙に満てる性海功徳の中の除障降伏の本質を特に不動明王として仰ぐものにして、この様な三昧に住し、その本誓を形相の上に発揮し給える現見の尊を眼のあたり拝み、その内証を悉く体験せんがためのその秘法たる三密瑜伽の不動法は五種別行立である。蓋し真言行者が自らの自行のために修するのにはこの五種別行立が最もよい。大法立の行法はとかく煩瑣にすぎ、小法立は余りに簡略で大衆を教化したり受者を加持したりするのにはよいが、行者自身独り本尊に向い生命を燃して自己の工夫をするのには、五種別行立がその中庸を得て最もよいと思う。

大体この不動法も別行立の行法なるが故に、左の九つに分類する事が出来る。

一、荘厳行者法―入堂より護身法まで。
二、普賢行願法―加持香水より普供養三力まで。
三、結界法―四無量心観より四方結まで。
四、荘厳道場法―道場観より小金剛輪まで。
五、勧請法―宝車輅より拍掌まで。
六、結護法―降三世より大三昧耶まで。
七、供養法―閼伽より礼仏まで。
八、念誦法―入我我入観より散念誦まで。
九、後供方便法―後供養理供より下礼盤まで。

以上

1　荘厳行者法

これは真言行者としての身支度をととのえる所作で、入堂より護身法までであるが、厳密には護身法がそれに当る。護身法の五つの印明を結誦して、正に仏の子として生れ変り、金剛の人として大慈悲の甲冑を着て身を守り、心をととのえて次の段に移るのである。

2　普賢行願法

先ず身仕度をととのえ終つたので、これより神秘実在の世界より仏様、特にこの場合本尊聖者不動明王を初め眷属等尽空法界の聖衆をお迎えする事由を表白して加護を乞うのである。そこで先ず洒水、加持供物、ꣿ字観等に依つて身の内外を浄め、純一の真心を以つて表白する。表白の言詞としては、特に不動明王の三昧をたたえ、その調伏勇猛の加護を受けて自他の障難を払わん事を祈るのである。

次に神分として天や神々に法楽を捧げ、特に外護を願う偈を唱えて一々金を打ち、五悔や発願等に依つて繰り返し表白祈願し、最後にこれ等普賢行願の総願として五大願を誦え、普供養し、三力加持の偈を誦してこの段を終る。これらは悉く十八道行法に準ずるのである。

3　結界法

この一段は神秘実在界より本尊聖衆を迎える場としての壇を築く所作であるが、この壇は行者の心壇であるから先ず心地をよく堅めるために四無量心観をなす。行者自身乃至一切衆生も、悉く神秘実在の宝処より此の世に立ち出でたるものにして、各々みな自らの内容として共通の本質をもつている。即ち同一円明の実在より生れ出でたるものである。

それを知らずに各々五尺の肉体に執われ、小さな我見に立てこもつて徒らに分別をたくましくし、自分も苦しみ、他をも損なつて罪障を積み重ねているのである。

併し本来、我が肉体も我が思念も、同一円明の普賢の本質を開顕せんがための機関機能として出生したのであるから、本来は清浄であつて、却つて実在の内容を各々自らの個性立場を通して開き顕わしているといえる。

この様な実在の内容を、慈悲喜捨の四無量心の順序で観じて行く。そしてその内容をば、単なる観念でなしに現実の生活の中に生かそうと願い、且つ行ずるのが勝願で、その行願をして金輪際より動かぬ絶対実在に裏付けられたものとして、それを堅固にするのが大金剛輪である。

この様に心地を先ず堅めて、その上に心壇を築いて内外の魔障に犯されぬようにするのが、地結、四方結である。

4　荘厳道場法

　この心壇に聖衆を迎えるに相応しく道場を荘厳するのであるが、先ずその前に神秘実在にいます本尊聖衆の集会し給う有様を心眼を開いて観ずるのが道場観である。但しこの不動法の次第は略の道場観で、大宇宙の内景を五峯八柱の宝楼閣と観じ、その中の壇上に瑟々座あり、瑟々とは一種の大理石の如き宝石の事にして、それを畳み上げた座が瑟々座で、所謂大磐石の座と同じ意である。即ち菩提心の堅固不動なるを表わしたもの、その上に[illegible]字あり、これは神秘実在の中の、特に一切の障碍を吹き払い、焼き尽す風の如き火の如き強猛なる働きを表わしたものであるが、それを今形で示せば利剣となり、更にそれを人尊の姿で示せば正しく右手利剣、左手羂索にして火生三昧に住し給える不動明王の姿となる。

　この不動明王をかこんで四大明王や八大童子等乃至無量無辺の眷属前後左右に囲繞し給うと観じ、この観想をして直ちに現実たらしむるために、七処加持して心壇道場の荘厳をなす。その上で大虚空の蔵より無辺の供具を出生し、それを小金剛輪に依つて聖衆の各々の位置に配分するのである。

5　勧請法

この段は神秘実在界へ聖衆を迎えに行き、一瞬にして迎請して心壇道場に招き入れ、拍掌して歓呼する。

6　結護法

かくて神秘実在の本尊は、聖衆のすべてを洩れなく眷属として引つれて、行者の心壇道場に来至し給うのであるが、但しこの道場は現実の一応限定された場であるから、この場には障りをなすものもあるので、先ず辟除して次に入らぬよう結界し、次に虚空網、火院、大三昧耶と二重三重に結護し終る。

7　供養法

かくて心壇道場に迎請し結護し終つたので、これ等の聖衆に閼伽、花坐、振鈴等を始め、六種の供具を次々と供養し、更に讃を誦じて不動明王の徳を讃し、これらの一切の供養を遍く本尊のみ前に展開して供ずる普供養の印言をなし、三力加持の偈を誦えて祈願し、本地大日如来より本尊並びに四大明王等乃至金胎両部の諸尊に一々礼仏するのである。（因みに加行次第の不動法には振鈴の次に金剛界三十七尊印明を結誦する事になつているが、これは勿論後より別に挿入したものであり、却つて自行としては、煩鎖に過ぎる故省いた方がよい。）

8　念誦法

この一段は行法の最も肝要の処で、正しく本尊と我れと真に一体を成就し本尊の三昧を悉く行者が体験し終る段である。例の如く入我々入観―本尊加持。正念誦―本尊加持。字輪観―本尊加持。仏眼仏母加持、散念誦となるのである。

先ず入我々入観、本尊加持は、身密に於ける本尊と我れとの一体にして、入我々入に於いて、仏、空しくなれる我れに入り、我れ又空しくなりて本尊に同ずる観に住し、かくてその三昧が示現されて本尊加持の二印となるのである。

第一印は剣印にして二手各々剣印になし、右は剣身、左は鞘にして、右剣を左の鞘におさめたままで咒を数返誦え、次に右剣を抜きて左の鞘を腰に当て、右剣印を以つて慈救咒を誦じつつ、逆順に各々三遍、更に五所加持十方加持などをなし終つて、再び鞘に納めて、印を解くのである。

第二印は、独鈷印と称して、内縛して大指は逆に即ち左上右下に入れ火指の端につくる様にする。

風指は立合して端をつけ、印を胸の前に立てて火界咒を誦する。この場合二風は本尊右手の利剣を表わし、内縛せる他の八指は左手の羂索を示す。即ちこの印はこのまま、右手利剣、左手羂索の不動明王の内証を形の上に示したものである。

次に正念誦―本尊加持は、語密を通しての一体三昧の成就であるが、この場合の所作は悉く金剛界と同じく、ただ念誦の真言が慈救咒である。

次に字輪観―本尊加持は、意密の上に於ける一体の成就にして、字輪観は、の通字輪観をなし、この場合の本尊加持には、特に先ず大日印明、次に本尊二種の印明を結誦する。

この大日印明に就いては、不動明王は胎蔵界大日の教令輪身なるが故に、外五鈷印、五字明という説と、行法それ自体が金剛界立であるから智拳印羯磨咒という説があるが、私は暫く後者に依つている。何故かというに、この字輪観は金剛界の字輪観であり、この観の内的体験よりおのずから智拳印明の内証が生れて来る故その様にしている。併しこれは人々の味わい方に依つて何れでもよいと思う。必ずしも一辺に固執する必要はない。

かくて、心ゆくばかり本尊と行者との内証を一如となし、堅実に身につけるために仏眼仏母の印明を結誦し、散念誦に移るのである。

9　後供方便法

かくて、行者正に本尊の内証を体験し終りたるが故に、後の供養をなし、前の如く祈願し礼仏し、更にその功徳を他の上にも回向し終りて解界し、撥遣し、護身法して壇を下り、不動明王の本質を身に体して、社会教化の第一線に出で立つのである。以上で不動法は終る。

十二　護摩法

護摩とは、梵語で、梵焼と訳し、元は火を焚き供物を焼いて神を祠り、所願の成就を祈る外道の法であるが、その事作法にそのまま密教の秘趣を盛つて、自他の煩悩業障を焼き払う事に依つて仏性を開顕し、福智を増長せしむる秘法としたのである。

この法を修する場合、護摩壇を設けて炉を構え、薪や諸種の供具を調のえるのであるが、これらは何を表わしたのであるかというに、先ず壇は本尊の身であると共に行者の身であり、炉は本尊の意であると共に行者の意、随つてこの炉の底には八幅の輪宝を置きて意の中に神秘実在の法性を蔵するを表わし、更に炉の口は本尊の御口であると共に行者の口となる。随つて壇と炉と及び炉口とは、本尊の身と口と意であると同時に行者の身口意を表わして居り、全く三平等である。

即ち、本尊も行者も身口意に於いては全く同一なのであるが、ただ炉の中に薪があつて実在の輪宝を覆いかくす時暫く凡夫となる。薪は三十六本を用し、惣じて煩悩業障を表わしている。宇宙に遍満せる神秘の大実在より五尺の身体を受けて盛り上れる我れである事を知らず、その実在の光りを覆いかくしているのが業障の薪であるから、これに如来大智の灯火を点じて焼けば、その火光は心の表面にかがやき出て実在本有の光となる。そうなれば行者の身口意そのままが仏の身口意となり、実在の智光を放つて即身成仏の勝果が成就されるのである。

さてこの様に、積まれたる煩悩の薪をば仏の智火を点じて焼く場合、炉の口に投げ入れて供養する諸種の供具は、先ず護摩の五器と称して、洒浄、嗽口、蘇油、飯食、五穀をいい。又八器と称して、芥子、行者塗香、本尊塗香、切華、散香、丸香、薬種、加持物であり、外に百八支及び廿一支の乳木と房花である。洒浄は壇上の供具や薪等を清め、嗽口は専ら炉の口を嗽ぐための香水であり、飯食は煩悩を総じて表わし、五穀はそれを別にして貪瞋痴慢疑の五惑として示す。蘇油は胡摩油に蘇と蜜とを加えたもの、蘇とは牛乳を精選したもので如来の大悲を表わし、蜜は仏の智恵、油は煩悩にして、大悲の蘇よく大智の蜜と相応して煩悩の油に和して仏の智火を生ずる。芥子は小粒なれども堅固にして魔障を摧破する智光を表わし、これを投げて辟除し結界する。塗香は持戒清浄を表わし、行者はこれを塗り、更に別に本尊にはこれを供じて自他の上に微細金剛の法身を瑩き出す。乳木三支は貪瞋痴、廿一支は貪瞋痴とこれを生ずる縁をなす所の六境六根六識をいい、百八支は百八煩悩を表わすのであるが、今これ等を供じて如来の智火に焼かれ、煩悩直ちに福智となつて行者の身心を荘厳すると観ずる。切花は花にして貪愛、丸香は粒丸をなすが故に瞋恚、散香は細かくして着き易きが故に愚痴を表わす。薬種は身心の諸病を治する諸薬を合したもので、これを供じて無明業障の病源を除き応病与薬の方便を生ずる。加持物は胡摩にして油ありて味甘く五臓を養い気力を増す故に、これを供ずる事に依つて却つて如来の智火に加わりそれに持されてそれより還り来り、光明を放つて自他の身心に加わりそれを持する事に依つてよく自他の罪障を除くと観ずる、随つてこれを加持物という。本尊と行者並びに衆生と互いに加となり持となつて相照らしい合い加持感応し合う故にかくいうのである。

なお房花は神秘実在の聖衆炉中に来りて坐し、若しくは炉中より本位に還り給う時に供ずる花坐である。

さて以上の如き秘趣を有せる壇を築き供具を弁備して、護摩を行ずるのである。その拝み方に就いては、先ず入堂し普礼し登壇して塗香を塗り、護身法して真言行者としての身仕度をととのえる事はどの行法とも共通である。

次に三鈷を取つて洒浄香水を加持し、更に独鈷を取つて嗽口香水を加持し、次に散杖を取つて洒浄に入れ、𑖨𑖽𑖪𑖽加持の後三度自身の内外壇上や供具に洒ぐ、次に別の散杖をとつて嗽口に入れて直ちに炉の口に嗽ぐ。次に三鈷を取つて炉口加持をなし、そのまま続いて大金剛輪兜を誦じて供物等を加持しその欠少を補う。いわば一々の供具悉く神秘実在の金剛輪際より出生せるものとなるのである。

次に羯摩の印を以つて順逆三転して羯摩加持をする。羯摩とは、三密の事業十方に展開して供養雲海を生ずるを表わし、これに依つて護摩の所願成就を祈るためである。随つて炉口の周辺の椽に三鈷の頭を八方に表示して、いわゆる羯摩とする。次に𑖨𑖽字観をなして内外の不浄不純を焼尽するのである。

かくて直ちに大日加持に入り、智拳の印明を結誦して先ず大日如来の三昧に住し、続いて本尊加持で不動根本の印明を結誦して本尊たる不動明王の三昧に出で、次に法界定印になして三平等観に住する。この三平等は如来の身口意と行者の身口意と壇(身)炉(意)、並びに炉口とは平等にして全く同一体である事を観想する。この大日加持、本尊加持、三平等観は護摩法としては最も肝心の要処にして、これあるが故に真に密教の内護摩としての意義を生ずる、随つてこの処では充分時間を費して心ゆくばかり観想をこらすべきである。

次に火舎を壇の左の隅に移し、芥子器をとりてその跡に置き、芥子を独鈷をもつて加持して十方に投ぐ。これは正に芥子を投げて魔障を払い壇上を結界する。次に火天の印明を結誦し、つづいて火天咒を百八遍誦じて火天の加護を祈る。護摩は火を焚く事が本体であり、火即ち火天にして直接火天の加護なくては護摩を行ずる事が出来ない。そこで先ず火天に祈念をこらすのである。そして脇机にある八器等をそれぞれ壇上に配置し、廿一支の乳木も金剛盤上におきて、三鈷を左手に把り、火天段に入るのである。

第一　火天段　火天

先ず段木を十一支積む。真中の一本は根本無明を表わし、他の十支は修惑としての貪瞋痴慢疑と、見惑としての邪見・身見・辺見・見取見・戒禁取見である。次に右方の灯火より火を受けて差入れ、薪に点火して扇で煽《あお》ぐ、そして薪の上に洒浄し、三鈷を以つて薪を加持する。

次に勧請火天をなすために、先ず弥陀定印に住して火天を観ずる。神秘実在に満つる火それ自体を[illegible]字と見る。それを形で表わせば三角火輪と観じ、更に人尊を以つてすれば白色火天の身と成る。四臂具足し、火焔身に遍ずると観ずる。

かく観照して房花一つを取つて炉の薪の上に置き、再び弥陀定印を結んで観照する。即ちこの花炉中に在りて荷葉坐となり、坐の上に[illegible]字あり、変じて賢瓶となり変じて火天の身となる。白色にして四臂具足し、右の第一手は施無畏印、第二は珠数を、左の第一手は仙杖を取り、第二は軍持瓶を取る。火焰身に遍ずと観ずる。

かくて火天印を結び小咒三遍を誦じ続いて召請の明を誦じて頭指で招き、四摂の印明を結誦して、神秘実在の火天そのままに炉中の荷葉坐の上に勧請し奉ると観じ、合掌して啓白の偈をとなえるのである。

次に嗽口三度する。そして観念し啓白する。この様な場合、すべて作法の順序としては、常に先ず印明を結誦し、次に弥陀定印にて観想し、金剛合掌して啓白する。以下何れもこの順に随ってすべきである。

次に塗香を供ずること三度、火天の小咒に息災相応の句・（せんじきや）を附けて誦う。やはり観想と啓白を附する。以下の供養の時も同様である。

次に蘇油　大杓三度　小杓三度

次に乳木　三支

次に飯食　三杓

次に五穀　三杓

次に切華　三度

次に丸香　三度

次に散香　三度

次に蘇油　大杓一度　小杓一度

以上何れも火天小咒に息災相応の明を附して誦じ、観想し啓白する事全く同様である。

かくて普供養印明を結誦して、これ等一切の供具を火天の御前に展開して供養し、この供養の功徳力と、火天の加被力と、神秘実在の法界無碍力との三力融合して効験を生ずるとの三力偈を誦え、次に祈願をこらすのである。

祈願終れば嗽口し、一房花を壇の隅に投じて火天印明を結び誦え頭指を弾じて撥遣の咒 [illegible] を加えて撥遣し、火天炉中より本位に還り給うと観念して啓白するのである。

第二　部主段　般若菩薩

部主を般若菩薩となす事に就いては、本尊不動明王は現図胎蔵界曼荼羅では持明院に住し給う。しかもこの院の主尊が般若菩薩であり、又その内証よりしても、不動明王の除障降伏の三昧は、神秘実在の大虚空に遍満して、小我の執見を超えたる真空の体験より出ずるものなる故に、その空体験を三昧とし給う般若菩薩を以つて部主とするのである。

その拝み方に就いては、先ず洒浄して壇上及び供具を浄め、羯摩加持をなし、嗽口して炉加持をなし、薪を四支積み加える。四支は殺、盗、婬妄の四重罪障を表わす。

次に火をさし入れて煽ぎ、薪の上に洒浄し三鈷を以つて薪を加持する。かくて部主を勧請するのであるが、先ず弥陀定印に住して、神秘実在の中の般若の智光たる部主を観ずる。実在としてかがやける心月輪に𑖮𑖿𑖨𑖱𑖾字あり蓮花となり、その上に𑖀字あり、変じて般若の智を結集せる梵篋となり、これを人尊を以つて表せば般若菩薩となる、結跏趺座し、身は黄金色にして頭には宝冠をいただき、瓔珞をつけて身を荘厳し、白繒を両辺に垂れている。左手は胸に当てて般若の梵篋を持し、右手は乳にあてて説法の印をなす。

かく観じて印を結び真言を誦じて般若菩薩の三昧に入る。その印は、二手背け合せ、地風の二指を掌に屈して空指を以つて押し、火水の二指を立合して胸に安ず。般若の智とは定恵不二の体験智なるが故に、この智剣を高く立てたる印であり、真言もまたそれに相応する。

この三昧に入り終つて、一房花を炉の薪の上に置き、再び弥陀定印に住して『この花炉中に在りて蓮花坐となり、その上に𑖀字あり梵篋となり、般若菩薩となる』と観じ、再び般若菩薩の印明を結誦し、次に大鉤召の印明を結誦して頭指を以て招き、召請の句を加え、四摂印明をなして勧請するのである。そして部主炉中に来りて所観の尊と一体になり給うと観想し、金剛合掌して啓白の偈をとなう。

次に嗽口三度　嗽口の明常の如し

次に塗香三度　部主の小咒に息災相応の句を附けて供じ、弥陀定印で観想し、金剛合掌して啓白する。以下の供養は一々悉くこれに準ずるのである。

次に蘇油大小二杓各々三度

次に乳木　次に飯食　次に五穀

次に切花　次に丸香　次に散香

次に蘇油　大小二杓各々一度

咒、観念、啓白すべて前の如くである。

次に普供養　次に三力偈　次に祈願　次に嗽口

次に一房花を壇の隅に投げて大鈎召の印になし、部主の小咒を誦じ、撥遣の句をつけて右頭指を弾じて撥遣し、合掌啓白して、部主段は終るのである。

第三　本尊段　不動明王

火天段に於いて火天の加護を祈り、部主段に於いて空智の般若菩薩を供養し、本尊段に於いて正にこの般若の智光が利剣となつて、自他の罪障を降伏する忿怒除障の三昧たる不動明王を拝むのである。

先ず壇上や供具を洒浄し、羯摩加持をして雲海の供養を十方に展開し、嗽口して三鈷を以つて炉加持をなし、薪を六支積み加う。六支は貪、瞋、痴、慢、疑、邪見の六根本煩悩を表わす。火を点じ扇で煽ぎ薪を洒浄して三鈷を以つて加持し、弥陀定印に住して先ず本尊を観ずる。神秘実在界の心月輪の上に大悲三昧の蓮華を観じ、その大悲の上の除障降伏の本質を字で表わす。字変じて利剣となり、更に人尊で示せば大日大聖不動明王と成る。その相好たるや、身は大自在の活動たる青黒色にして大忿怒形をなし、火生三昧に住す。頂きの髪は七覚支を表わせる七つの莎髻に結び、その先を一つの弁髪に束ねて下げ、大悲の愛念を深く生死界に垂れ給う。額に水波の皺をただよわせて衆生救護のために苦慮し、右手利剣、左手羂索をとりて調伏三昧を示す。遍身に火焔を出し、法界に遍ぜしめて自他の罪障を悉く焼尽し給う。

かくの如く本尊の身を観照して不動根本印たる独鈷印を結び、慈救咒を誦じて相応の句をつけ、暫し本尊の三昧に止住するのである。

次に一房花を取り炉中の薪の上に投げて、再び弥陀定印に住し、この花蓮花となり、その上に字あり利剣となり、不動明王となると観じて、先の根本印明を結誦し、召請の句を加えて二風指を以つて招き、更に四摂の印明を結誦して本尊を炉中に勧請し、冥会して一体なりと観じ、合掌して啓白する。

次に嗽口三度、常の嗽口の如くする。
次に塗香三度、本尊一字咒に相応の句を加えて供じ、観念し啓白する。
以下の供養一々これに同様である。

次に蘇油、大杓三、小杓三

次に乳木百八支、これは百八煩悩を表わす。先の六根本の煩悩は六道の衆生に皆ある故、六倍して三十六煩悩となり、それが過現未の三世に亘るから三倍して百八となる。要するに衆生の身心を悩害する無量無数の煩悩を表わすのであるが、今それ等を供じ焼いて百八乃至無尽の福智となすのである。

次に飯食三　　次に五穀三

次に切花三　　次に丸香三

次に散香三　以上何れも不動一字咒に相応句をつけて供じ観念し啓白する。

次に混屯供を作るのであるが、これは先ず散香を切花の器に入れ、丸香もまたその中に入れ、この三器を一つにせるものを飯食器に入れ、それに五穀を加えて混ぜて二器に分ちて炉の右におく。これは次の諸尊段と世天段に使うのである。

次に蘇油、大杓一、小杓一

次に普供養印明

次に乳木六支、即ち二十一支の内、六支を一度にとり、一度に投げて供ずる。これは六道の衆生の煩悩を頓断するを表わす。

次に薬種　七度

次に加持物、独鈷杵を以つて加持し、百八遍炉中に投げて供ずる。炉中の如来の智火に会いて却つて衆多の光明となつて返り来つて行者並びに衆生を照らし、自他の罪障を照破すと観ずる。

以上、それぞれに観念し合掌して啓白するのである。

次に普供養し、三力加持をなし、偈を誦えて祈願する。この時ばかりは左手の三鈷杵を下に置いて数珠を摺つて祈請を凝らす。若し志す所の祈願あればこの処に於いて心ゆくばかり拝むのがよい。

祈願終れば再び三鈷を左手に持ち、次に嗽口し、房花一房を壇上に投げて蓮花坐なりと観じて撥遣する。即ち、先の勧請印たる根本印明を結誦して撥遣の句をつけ、二風を撥して合掌啓白するのである。

第四　諸尊段　五仏乃至三十七尊

根本無明を除き、諸の煩悩罪障を降伏すれば、心内の五智の仏性おのづから開顕される。ここに於いて五智より出生せる五仏乃至三十七尊を供養するのが諸尊段となる。

先ず洒浄、羯摩加持、嗽口、炉加持等は前の如くする。そして薪を十支積み加える。初めの四支は貪、瞋、痴、慢の情意の上の四煩悩にして、その上に並べ積む六支は疑と邪見、辺見、身見、見取見、戒禁取見の知の上の六惑である。

次に火を差し入れ扇で煽ぎ、薪に洒浄し、三鈷杵を以つて加持する。

次に弥陀定印に住して、先ず本有の心性界を観照し、我が内に九識あり、転じて五智となり、五仏三十七尊と成ると観ずる。

さて九識とは衆生本有の心識をいい、それを左の如く分つて九となす。

前五識―(眼・耳・鼻・舌・身の五識)

第六意識

第七末那識

第八阿頼耶識

第九奄摩羅識

先ず前五識は、眼耳鼻舌身の五官を通して直接に色声香味触の五境を知覚する心識の最尖端である。この五識を内にありて統一し、五境に対して比較し判断し所謂分別するのが第六意識である。

第七末那識は、このような分別の奥にひそみてそれらの対境に執念を起こす所の意慾我執識にして、この執念が意識の上に表われて働きとなると共に、その都度潜在せる意識の底流に影を投映存置する事恰も種子を蒔くが如く、その意識の種子は必ず保存されて再び意識の表面に働きとなつて芽生えて来る。このように潜在意識となつて意識の種子をそのまま保存し随時発動せしむるを第八阿頼耶識というのである。随つて我等の意識活動は主観客観となつて働くと雖も、悉く第八阿頼耶識の展開というてよい。

この様な意識の働きは、第七識に縛られて我執の中に沈み、益々煩悩をたくましくするけれども、又他方では、小我の執われより解放されて自由を得たいとの本然の要求ともなる。恰もそれは雲を破つて輝き出る満月輪の如き覚性より生ずるものなるが故に、それを第九奄摩羅識（本覚識）という。それは個々を超えた宇宙意識とでもいうべきもので、個人意識の中にその働きを表わして来ればば覚りへの思慕となる。

以上の如き九識は一切衆生各々等しく素質として具えている所のものであるが、一度第九奄摩羅識が意識活動の全面に表われ出る時は、九識はそのまま五智となつて光を放つのである。即ち第九識は法界体性智、第八識は大円鏡智、第七識は平等性智、第六識は妙観察智、前五識は成所作智となる。この五智はそのまま五仏にして、即ち唯一法身の大日が四仏となり、四仏は十六大菩薩となり、四波羅密女や内外八供養女、四摂菩薩女等を出生して、所謂三十七尊を展開するのである。

要するに火天、部主、本尊の三段に於いて根本無明、六根本煩悩乃至百八煩悩の障雲悉く焼除されるが故に、ここに五智三十七智の満月輪光明を放つて意識の全面にかがやき出ずる。今これらの諸尊聖衆に供養し祈願するのが諸尊段である。

さてこの様に五仏乃至三十七尊を観照し終つて、外五鈷印、羯摩五転咒を結誦してその三昧に住する事暫し、次に房花五房ばかりを炉の薪の上に投げて再び弥陀定印になし、この花炉中に在りて無量の蓮花座となり、五部の諸尊一切の聖衆坐し給い、身相微妙相好円満せりと観照して、大鈎召の印明を結誦し召請の句を加えて招き、四摂の印明を結誦して炉中の諸尊に冥会せしめ、金剛合掌して啓白する。

次　嗽口三度　常の如くする。

次　塗香三度、普供養明に相応句をつけて供養し、観想、啓白をつける事何れも同様である。

次に蘇油　大杓三、小杓三

次　乳木三

次　混屯供

先大日三杓、阿閦、宝生、無量寿、不空成就と各々一杓づつ供じ、三十二尊に総じて供じ、滅悪趣尊に供じ、残りを部類諸尊に供じ尽す。咒、観、啓白は前の如くである。

次蘇油、大杓一、小杓一

次普供養、三力、祈願し、次に嗽口して撥遣する。先ず五房ばかりを一度に壇上に投げ、前の勧招の印、即ち大鈎召の印明に撥遣の句をつけて右頭指を撥して送る。そして観念し啓白してこの段は終るのである。

第五　世天段　十二天・七曜・廿八宿

世天は十二天・七星・九曜・十二宮・廿八宿等で、本来は曼荼羅の聖衆を外護する天であるから諸尊段の延長であり、又同時に本尊不動明王の等流身でもある。それで諸尊段（若しくは三段構えの時は本尊段）に続いてこの一段を設くる所以である。

先ず洒浄し、羯摩加持して嗽口し、炉加持する事は各段の通りである。

次に薪を五本積み加う、貪瞋痴慢疑の五慾五塵を表わす。

次に火を差し入れ、扇で煽ぎ、薪の上に洒浄なして三鈷杵にて加持する。

次に直ちに房花三房ばかりを本を切つて一葉ずつになし、それに別に一房を添えて炉の薪の上に投ぐる。そして弥陀定印に住して、一房は蓮花座、各葉は荷葉座となり、蓮花座には[梵字]字ありて四臂具身の不動尊となり、荷葉座には各々[梵字]字ありて、十二天・七星・九曜・十二宮・廿八宿等坐すと観ずる。

かくて不動根本印明、即ち独鈷印慈救咒を結誦し、二頭指を以つて招いて炉中の世天に冥会一体となると観じて、合掌し啓白する。

次　嗽口三度、常の如くする。

次　塗香三度、不動一字咒に相応句をつけて供養し、観念啓白は常の如くなす、以下何れも同様である。

次蘇油、大杓三、小杓三

次乳木、不動三支、火天三支

次混屯供

先不動三杓、不動一字咒にて供じ、次十二天各々に一杓ずつ、それぞれ世天の明を誦じて供ず。この中火天には、特に三杓を供ず、

次に七星等に三杓　二十八宿に三杓

何れも相応の真言を誦じて供ず。最後に供物の残りを光明真言を誦じて部類眷属に供ずるのである。かくて観念し啓発する。

次に蘇油、大杓一、小杓一、咒、観、啓白前の如くである。

次に普供養、三力加持、祈願等を常の如くなし、次に嗽口して撥遣する。初めに三房ばかりの本

を切つて一葉ずつとなし、それに一房をつけて不動一字咒を誦じて壇の上に投げ、先ず勧召の印明、即ち独鈷印一字の咒で、二頭指を撥し、撥遣の句をつけて不動明王を送り、続いて右拳にして頭指と大指で弾指して、世天皆曼荼羅の本位に還着し給うと観じ、合掌して啓白するのである。

以上で護摩供の行法は全く終つたのであるが、そこで先ず左手の三鈷を金剛盤上におき、鈴と五鈷杵を本の如くにとりおき、八器を脇机に返し、最後に壇の左の隅の火舎を本の位置に置く。かくて念珠香呂を取つて金一丁を打鳴らし、回向と至心回向の偈文を誦えて所修の功徳を自他の一切に回向し祈願し終り、護身法して壇を下つて三礼し出堂するのである。

以上で護摩の行法解説を終る事とする。

十二　加行者の日常生活の在り方

四度行法の概説は前章までで終つたのであるが、加行中の日常生活の在り方に就いて書き加える事とする。

真言行者の最も用心とすべきものは行法である。道場に坐して現見の本尊に向かい、三密瑜伽の秘法を修して工夫をこらし精魂を傾ける所に真言行者の面目がある。大衆が一堂につらなつて坐禅弁道する禅家の僧堂生活は、密教の行者には必ずしも適切とはいい得ない。何故かといえば密教は神秘体験の宗教である。単なる覚りの宗教ではない。いわば覚りをめざすというよりは、秘法による端的な神秘体験こそ根本である。無上真実なるものと正に一体となる実証こそ先きである。それが却つて必然的に覚りをもたらし安心を生むのである。即ち三密瑜伽の秘法に依つて神秘の実在たる大日法身を直下に体験し、その法力を以つて自らの罪障を照破するのが覚りであり、他のために祈る事が救済となる。そこに真言行者の切実なる生き方がある。随つて独り密室にこもつて現見の如来に向かい壇を構えて三昧に入る。その一瞬一刻こそ永遠に通じ万生を培う最も充実せる生命燃焼の場なのである。日常生活の在り方よりはこの寸刻が大切なのである。

随つて大師も三密瑜伽の行法にその全生涯を捧げられ、非凡なる神秘加持力を以つて現実に自他の罪障を除き、仏国土を荘厳する事に心血を注がれた。大師のなされたるあらゆる事業は、悉く行法に依れる神秘体験の加持力を以つてその背骨となされている。即ち東寺や高雄山を賜つても直ぐにこの秘法に依れる祈願の寺とされ、高野山を開かれても、初めからその道の修練工夫の道場として、この処に密教の恵命相続の焦点を置かれたのである。

かくて三密瑜伽の行法こそ真言行者の眼睛であるが、今その拝み方の規準を授かり、それを修して身につけて行くのが四度加行なのであるから、これ等行法に専心する行者の日常生活のあり方は、ひたすら行法をする事のために盛り上げられねばならない。いわば自己の身心を行法に適応するように光潔ならしめ、仮りに大衆と共に在る場合でも、自他の行法に障りの来さぬよう大衆生活を調整し、互いに相省りみ、相和して行く所にそのねらいがある。

随つて五慾の享楽を貪つたり放恣の行動をとる事は勿論慎しむべきも、さればとて極端な禁慾や徒らに身心を苦しめる苦行もまたよしとせぬ。更に又起居動作の末端にまで規矩を設け、煩鎖にすぎて却つて生命の伸展をためるが如きも取らぬ所である。

要するに肉慾を適度に節制して身心を光潔ならしめ、自らよく省みて他を犯さず、懺悔と相互礼拝に依つて、自他の生活を快適ならしめるこそ行者の日常生活の在り方である。

今この様な心ばえを行住坐臥の日常生活の中に盛り上げて、起居動作の規範としたのが四威儀略作法である。

四威儀略作法偈

一　打鐘偈

洪鐘晨《ニ》響《イテ》覚《マス》㆓群生《ヲ》㆒
声《ハ》遍《ズ》㆓十方無量《ノ》土《ニ》㆒

含識群生普ク聞知セヨ
抜二除セン有情長夜ノ苦ヲ一
（洪鐘晨に響いて群生を覚ます、声は十方無量の土に遍ず、含識群生普ねく聞知せよ、有情長夜の苦を抜除せん）

初夜、後夜、日中の一日三坐の上堂修法は、加行者の最も大切な行課であるが、その中、後夜は朝の三時である。

起床の鐘を打つのは行者の役であり、その鐘を打つ時の心構えを偈にしたのである。即ち鐘が晨朝の空にひびいて遍く無量の世界に及ぶ。この鐘の声を聞いて自他共に無明長夜の眠りを醒まさんとの意である。

二　聞晨鐘偈

願クハ此ノ鐘ノ声　超エテ二法界ヲ一
鉄囲モ幽冥モ　悉ク皆聞ケ
三途離レレ苦ヲ　罷メ二刀輪ヲ一
一切衆生　成センコトヲ二正覚ヲ一

(願わくは此の鐘の声法界を超えて、鉄囲も幽冥も悉く皆聞け、三途苦を離れて刀輪を罷め、一切衆生正覚を成ぜん事を)

この鐘の声を聞く時の心構えは、願わくこの鐘の声法界を超えて、鉄囲山にかこまれた須弥山即ち宇宙世界のものも、幽冥とて霊界のものも悉く皆聞け、そして餓鬼畜生修羅の無間地獄の三途の苦を離れ、剣の山に追い上げられたり、火の輪にひかれたりするような苦しみより解脱して、真実を覚らん事を、というのである。

三　衆僧収臥具偈

睡眠ヨリ始メテ寤ム　当ニ願ハクハ衆生トトモニ
一切ヲ知覚シテ　周ク顧リミン二十方ヲ一
(睡眠より始めて寤む、当に願わくは衆生と共に、一切を知覚して、周ねく十方を顧みん)

四　漱口偈

以テレ水ヲ漱ゲレ口ヲ　当ニ願ハクハ衆生トトモニ
得テ二清浄ノ口ヲ一　誦二持セン仏法ヲ一

（水を以って口を漱ぐ、当に願わくは衆生と共に、清浄の口を得て、仏法を誦持せん）

五　洗面偈

以《テ》レ水《ヲ》洗《フ》レ面《ヲ》　当《ニ》願《クハ》衆生《トトモニ》
得《テ》二清浄《ノ》門《ヲ》一　永《ク》無《カラン》二垢染一

（水を以って面を洗う、当に願わくは衆生と共に、清浄の門を得て、永く垢染無からん）

六　着衣偈

当《ニ》願《クハ》衆生《トトモニ》　解脱幢《ノ》相《ニシテ》
皆《ナ》是《レ》平等《ナリ》　広《ク》度《セン》二衆生《ヲ》一

（当に願わくは衆生と共に、解脱幢の相にして、皆是れ平等なり、広く衆生を度せん）

衣を着る時の思いは、だてに着るのではなく、それは神秘実在を身につけて世間煩悩より解脱せる相にして、一度出家して衣をつければ皆平等の仏子であり、ただ広く衆生を済度せんがためにこそこの衣をつけるのである。

七　袈裟偈

善イ哉解脱ノ服
無相福田ノ衣
奉ツテレ被レ如ク二戒行ノ一
広ク度セン二諸ノ衆生ヲ一

（善い哉解脱の服、無相福田の衣、戒行の如く被奉つて、広く諸の衆生を度せん）

袈裟もまた解脱の服で無相の福田を表わす。袈裟は元来釈尊が古い布をつぎ合して衣服としてかけられた糞掃衣であつたのが、後にはそれが式服として福田を表わす事になつた。

福田とは一粒の種を蒔いても万倍になつて実る誠に結構な田で、即ちこの袈裟をかける程の者は、一粒の施を受けてもこれを万倍にして返えす程の徳力を具えたものでなければならぬ。それでただだてにかけてはならぬ。戒行を守る思いで大切に身につけて広く諸の衆生を済度せんがためにこそかけるべきであり、袈裟をかけるごとに常にこの様な反省がなければならぬ。

八　入堂偈

若シ入レバ二堂宇ニ一　当ニ願クハ衆生トトモニ
昇ツテ二無上堂ニ一　安住シテ不動ナラン

（若し堂宇に入れば、当に願わくは衆生と共に、無上堂に昇つて、安住不動ならん）

入堂する時は、無上菩提心の堂に昇つて安住して動揺なき三昧に入るべきである。

九　礼仏偈

諦カニ観ズルレ仏ヲ時　当ニ願クハ衆生トトモニ
皆如ク二普賢ノ一　端正厳好ナラン

（諦らかに仏を観ずる時、当に願わくは衆生と共に、皆普賢の如く、端正厳好ならん）

仏菩薩のお姿に向かう時は、皆普賢月輪のすべてを具して円満なる如く、福智円満の相好とならん事を祈るべきである。

十　睡眠作法偈

若《シ》睡眠《スル》時《ハ》　当《ニ》願《クハ》衆生《トトモニ》
身《ニ》得《テ》二安穏《ヲ》一　心《ニ》無《カラン》二動乱一

（若し睡眠する時は、当に願わくは衆生と共に、身に安穏を得て、心に動乱無からん）

仏様のふところにいだかれて眠るとの思いに住すべきである。

十一　便時偈

大小便《ノ》時《ハ》　当《ニ》願《クハ》衆生《トトモニ》
益二除《シテ》煩悩《ヲ》一　滅二除《セン》罪法《ヲ》一

（大小便の時は、当に願わくは衆生と共に、煩悩を益除して、罪法を滅除せん）

身心より一切の罪障や我執忘念を排泄すると思うべきである。

十二　沐浴偈

沐二浴《スルトキハ》身体《ヲ》一　当《ニ》願《クハ》衆生《トトモニ》
内外光潔《ニシテ》　身心無垢《ナラン》

（身体を沐浴する時は、当に願わくは衆生と共に、内外光潔にして、身心無垢ならん）

加行者は毎座の行法のために入堂する前には必ず水をかぶつて身心を清めねばならぬ。及び入浴するごとにこの偈を誦えてその三昧に入るべきである。

以上加行者の行住坐臥の四威儀の生活の心がまえであるが、なおこの外に加行中の禁制として先徳が種々の制規を設けて居られる中、その一つとして憲淳僧正の十七ヶ条を掲げて置こう。

加行之間可制禁条々十七

一、無益の雑談を停止すべし、徒らに日時を過す故也。

二、飲酒すべからず、諸の放逸此れより起る故也。

三、婦女子等（異性）に親近すべからず。色慾起る。殊に仏制なるが故也。

本文は『沙弥喝食児童子に親近すべからず』とあり、昔は婦女子に近づくという事は全く考えられなかつたのでそれは問題ではなく、ただ時には沙弥や稚児等に対して色慾を起したものがあつたからであろう。今は現代的に『婦女子』とした。

四、悪友に交るべからず、諸の誑乱此れより起る故也。

五、遊行見物すべからず、六賊身を害する故也。

六賊とは、眼耳鼻舌身意の六根の上に起す諸の執念をいうのである。

六、囲碁双六の類一切停止すべし、密教廃忘の基なる故也。
七、放逸の事を憶念して臥床すべからず、諸の不善熾盛に起る故也。
特に色慾をそそるような事を憶念して臥床するなというので、要するに若い行者には性の煩みが心をかきみだすからである。
八、資財を貪すべからず、身心悩乱起る故也。
九、懈怠すべからず精進すべし、善法懈怠者は悉地成就せざる故也。
昔より加行を怠慢にしたものは、密教者として所願が成就せず何事も不運であるといわれる。そのような実例はよくあるので加行者は特に心すべきである。
十、時の間多言すべからず、善法破壊の基なるが故也。
十一、仏室を掃除すべし、浄室穢を遠離せば仏土なるが故也。
仏土とて他に在るのではない、掃除整頓すればそのままが清浄の仏世界なのである。
十二、昼夜中一時は師匠に給仕すべし、求法通相の故也。
三度の食事の中、一遍は行者自ら伝授の師の給仕をせよというのである。
十三、勤学すべし、法命長久之基此の中に在る故也。
密教の事教二相や高僧の伝記など、精読して行法修観の資とすべきである。

十四、毎日冥衆の法施をすべし、人法擁護の計なるが故也。

冥衆とは亡霊の事で、それへの法施というのは所謂施餓鬼《せがき》である。加行者は必ず毎夜一器の飯食に浄水を加えたものを以つて、施餓鬼供をするのが通則である。肉眼では見えぬけれども、この宇宙法界はそれ自体法性一如の霊海で、無数の霊が波の浮沈の如く出没陰顕している。顕われては無数の肉体をもつている有情となり、陰れては幽冥の霊魂となつている。これらの霊魂の中には解脱を得ぬままに迷うているものも沢山あるわけで、それ等に秘法をもつて一器の飯食を加持して、遍く施し供じて得脱せしむるのが施餓鬼法である。肉眼には見えぬがこれ等の霊魂が食施や法施を受けて飽満喜悦して人法興隆の力を冥々の内に添えてくれる事を知らねばならぬ。

十五、四恩の広徳を報ゆべし、仏家の本意なるが故也。

十六、三宝に帰敬すべし、両部の内証なるが故也。

十七、菩提心を憶念すべし、成仏の根源なるが故也。

右十七箇条用心は、経軌の説相並びに高祖大師の制誡に任せて記する所也。凡そ真言行者一期の行状かくの如くなるべしと雖も、末世の行者事に触れて戒律を守り難し、かるが故に加行の間堅く制する也。

以上は憲淳僧正の記であるが、なおその外に加行者は、特に食事の時の作法をせねばならぬ。要するに食事は身心を養う良薬なりと心得て、その味が美味だからとて貪つたり、まずいからとて瞋つたり、不平をいうたりするような事なく、ひたすら身の健康と心の快適を得て、それに依つて余念なく行法を精修し、道業を成就せん事を祈り、特に食を恵み給える四恩に感謝していただくべきであり、この事を盛り込んだ作法をして食事する事になつているのである。

加行中の日常生活の在り方に就いては、略々その要旨を説き得た。

以上をもつて四度行法の概説を終る事とする。

第三部　密教行法の体解《たいげ》

一　修禅行法の必要性

去る日、高野山大師教会本部に於いて布教研究会が開催され、私もその所員になつているので末席に連なつた。岩本為雄大僧正もその所員であられるが、御病気のため欠席され、広範に亘る御高見を書面にして寄せられた。その中に特に、大師の高野山開創の目的の随一は、高野山を以つて末徒の修禅観法の場になさらんがためである事、当時奈良仏教では概ね談理の法将ばかりで、禅定に入り観法を修して法身如来の内証を真に身につけるというような事をあまりせず、僅かに役行者や越泰澄法師の如きが、特殊な修験法に依つて、その欠陥を満たさんとする如き有様なので、どうしても覚りの本質たる法身の自性を全体的に身につけて、万生の根本を培い自他の福智を増す事こそ真仏教の使命であり、そのような修観禅定の場としてわざわざ深山僻遠の幽地たる高野山を開かれたのである。この様な大師御開創の主旨に則とつて、高野山の教学布教の上にもこの修観行法の面が大いに盛りこまるべきである——というような主旨が述べられていた。全く私も同感共鳴申上げる次第である。

昨今欧米やら、更に我国にも各地に禅ブームがまき起され、禅宗の各本山にもそれに対応するため、在家一般の求道者にも道場を開放し、特に黄壁山には潮音舎、妙心寺内でもそのような要望に応ぜられるものを開いた事が、中外日報紙上に出ていた。我国の禅ブームは、鈴木大拙博士などに依つてアメリカで醸された彼の地の禅ブームが、何んでもアメリカ風を喜ぶ我国の民心を逆に刺戟して返り咲いたとも思われるが、然し他面唯物文化、科学文明が長足にのび、すべてが機械化し享楽化した現代、とかく人間の自主性が失われたために起る人心の不安が、必然的に坐禅などに依つて魂の安らぎと主体性を得ようとする要求に基づくものであろう。

私が嘗て高野山の真別処にいた頃、時報主筆の所僧正の紹介で秋本不伝なる人が入つて来られ、約二年余り居られて阿字観を実修され、傍ら講伝所の仕事を助けてくれた。この人は嘗て長く禅宗で鍛えられた居士で、その道では師家分乗の人とも思われるが、真別処を出られて後、常喜院の本堂裏の家屋を改造して阿字観禅塾を開いて居られた。簡素清浄な室が五つ六つあり別に観法の道場もあつて、心ある学生など四五人の人がいつも常在し通学しつつ日夜に修行していた。形式は幾分禅の僧堂式であるけれども内容は全く密教の阿字観なのである。居士自身も『私は密教の阿字観こそは、禅の精粋を端的に一つにしたものと思う。無一物中無尽蔵なる真空妙有の霊智も阿一字の中に摂せられ、千七百則の公案も阿字観法に如くものはない。』と口を極めて阿字観を称えられ、禅の僧堂生活の良きをとつてその実は阿字観の塾を開いて居られたのである。

所が先年、大阪の某会社の従業員が高野に登山し計らずも秋本居士の指導を受くる事となり、毎月大阪に居士を招いて静坐観法の会をなし、更にそれが各所に試みられようとしているのである。

このような時代人心の要求機運に応じて静坐なり坐禅なり阿字観なりを求められる人が各地にあるものと思うが、この場合我が宗の教師住職などで果してこの要求に応じて、それぞれ適切な伝授指導をなし得る人が果して何人ありや、誠に心細い限りである。これを思うにつけても、私はこの際我が宗の教学の上に、修禅行法の一面が多分にとり入れられる事を是非望む次第である。

二　密教行法の形式

岩本大僧正の提案にも述べて居られるように、幸いに我が密教に於いては、先に大師が高野山を開いて修禅の道場を設けられ、坐つて拝む行法の次第を整備されて、それに随つて行法を進めて行けば、自然にその体験の妙境に入れるように具備されている。この一座行法の中、若しそれの全体を順序を追うて修する事が煩鎖なれば、その中の一部分でもそれだけでととのつている。例えばその中の護身法の如き、結界法の如き、道場観の如き、入我々入観の如き、正念誦の如き、字輪観の如き、みな然りである。私は先に、「加持祈禱の原理と実修」――実は「密教に於ける神秘体験の道」というのが本題――なる一冊の書物を書いて出版し、阿字観や、御加持作法、理趣経法などに就いて、その観行の仕方などを解説したが、更に改めて護身法や乃至字輪観などに就いて、私自身の毎日の行法工夫を通して体解したる処を述べ、同信同行の人の参考に供したいと思うのである。

先ず密教のすべての行法に就いて共通なる点は、半跏坐若しくは蹶跏趺坐とて両脚を組んで端正に坐し、常に両眼の視線を鼻端によせ、深く下腹で呼吸し息を調のえる事がすべての行法に入る準備となるのである。視線を鼻端によせると眼前の対象が渾然と融会し、不思議にも精神が内に沈潜する。ただこれは慣れないと数分間で前額が重くなつて眼まいを覚えるが、これは頭悩が疲れている証拠であるから、その時は視線をもとに帰して暫しそのままで休み、再び視線を鼻端によせて、それを繰り返す。かくの如く四五遍すれば頭悩の疲れも治り、慣れれば何時間つづけても何んともないばかりか却つて益々心魂澄み来り、現象を超えた一如の実在界に心が落ついて来るのである。

次に息を調えるとは、鼻で深く静かに息を下腹に吸い込み終つて、口を微かに開いて息を吐き切り、再び鼻で吸う、一呼吸毎に一二三と十まで心で数え、再び一より繰り返すのであるが、何も数に執われる事はない。このように鼻柱を見守る事と息を調える事とは、行法に入る準備として平常に慣らしておく事が大切である。これを数息観ともいうのであるが、この場合両手を膝の上に自然に組んで仰いで置くのがよい。

次に密教の行法は、三密瑜伽法とて、必ず手に印を結び口に真言を誦じ意その三昧に入る形式をとる。これを身語意三密というのである。何故このような三密の形式をとるのかといえば、凡そ法身大日如来は法爾無作の働きを天地に開顕し給う。今の言葉でこれをいえば、大宇宙はさながら物心不二、主客未分の霊的な神秘の絶対的実在で、それ自らの中より不断に無数の個体を生み出し、無尽の現象を露呈して、天地大自然を展開し、永恒に止む事がない。この場合個々の現象は必ず皆それぞれ身語意の機能を具えてその働きを具現している。

例えば現実の我れも又、宇宙大霊の中より一つの現象として生命を受けて意識活動を生じ、五尺の身体の上にその働きを現わし、口を通して、語の上にその意趣を示す。犬や猫の如き諸の動物も又然り。植物の如きでも、例えば菊も又、大自然の中より生れて菊としての意命をもち、それが菊の花となり、それなりの香りを放つ。これ菊の意と身と語とである。一粒の砂の如きも又然り、原子の極微の一つも又かく身語意の三つを具えて、そのエネルギーを具現すという事が出来る。いわば一切の現象は、皆それぞれ三密を具して宇宙大霊をそれぞれに分出している。密教的な言葉を以つてすれば、大日如来は三密を以つて無尽に法界を荘厳し給うというのである。

然るに人は身語意の三密を具しつつ、大霊の尖端たる仮りの我が姿に執われそこに自我ありとの執念を生じて、その真理実相を覚らず、我と他、彼れと此れという、虚仮の分別に迷わされて、全く心の自由を失い魂の不安やる方ない。益々罪業を重ねてぬきさしならなくなつている。

さればとて身語意それ自体は、宇宙大霊の働きの尖端として、今は罪業の中に在つても、それ自身は本来的に穢れているわけでない。随って今、身の上の働きの代表である両手を組んで、実在の表示である印を結び、ロの上には神秘そのままの流露たる真言を誦じ、意を空しくして大霊を思念せば、身語意そのまま宇宙大霊より盛り上がれるそれ自らの本来の姿となる。所謂法爾無作の大日の働きとなり、それは他の現象とも共通の同一実在の上に立つのであるから、そのまま他の一切とも引き合い相通ずる。これを瑜伽ともいうのである。随って密教の行法を三密瑜伽法というのである。これを『身は語に等しく語は意に等し』といい、この平等の三密が他の一切の三密と、互いに通じ合う故に、心（自分）と仏と衆生のどの三密とも、互いに平等にして差別無しともいうのである。

以上が密教行法の共通の形式という事が出来る。さてこの上に立って護身法や、結界法、道場観、入我々入観、正念誦、字輪観、更に阿字観や、五相成身観などを体解して、説いて行く事としよう。

三　護　身　法

護身法はそれ自身一つの纒つた行法なのである。これだけを平生に行じていても、覚りを身につける事が出来るのである。それは浄三業と、仏部と蓮花部と金剛部の三部と、被甲護身との、五つの印を結び、真言を誦え思念を運んで行く。

先ず浄三業は、胸の前に掌を合せ中を稍々ふくらまして、蓮花合掌し或いは虚心合掌し、オンソハハンバシユダ、サラバタラマソハハンバシユドカンと誦う。その意は、一切のものは自性清浄であり、我れも又自性清浄である——という意味なのである。蓮花はそのまま清浄な仏性を表わす。我が心内に本来清浄な仏性あり、それは又一切の現象にも共通な法性でもあり、この仏性の光、おのずからに、我が心内にさし来つて、身心の曇りを払うと思念する。我が心の底には宇宙の一切に遍満せる、水晶の球の如きものがある。心月輪ともいうのであるが、平面でなく立体で十万に限りなく広がり、一切の森羅万象をそのまま内に包んで映している。それは一切を容れた透明体であるから、肉眼で見えないが厳然と実在する。それは鏡に映つた現象の、鏡の光と映つた姿と全く一如であるが如き、物心不二の神秘実在なのである。これが我が内に在りては仏性であり、一切万象の内に遍満しては法性ともいう。仏性法性全く同一なのである。

今この蓮花の印を胸に結び、この真言を何遍も誦えつつ、仏性かがやいて、我心内の曇りおのずから払わると、思念するのである。

我心内の曇りとは、心月輪の仏性を覆えるもの、それは五尺の肉体に制約されたるものを、我れと思う執念であつて、この執念に心が閉される時、全く盲目となり、心が暗闇となるから、無明ともいうのであるが、今仏性の光り心内にかがやけば、おのずからこの執念払われて、心が明るくなり、随つて身の上の行いも語の働きも浄められるであろう。それで浄三業、即ち身語意の三業を浄めるというのである。

かくて仏性の心月輪が全面的に我心内にかがやき出ずれば、次の仏部の印となる、仏部の印は、掌を合わしたまま二頭指を中指の背に円くつけ、二大指を並べ立つ。これを仏頂印という。いわば仏身が我が身の上に溢れ出て、恰も如意宝珠の如く我が五尺の肉体を頂点として、宇宙一ぱいの仏身が盛り上り来れると思念する。真言は、オンタタギャト、ドハンバヤソワカと誦え、仏部の霊徳が我が身の上に発生するの意である。

この仏部の霊徳は、蓮花部の慈悲と、金剛部の智恵とに分ける事が出来る。

そこで先ず、次の蓮花部の印と真言を結誦する。印は八葉印とて、蓮花合掌の各指を開き、二小指二大指のみはつけたままにする。即ち八葉の花弁が大きく開けたる姿にして、これを胸の前で仰いで開く勢いにする。即ち身に盛り上れる仏部の霊性の中の一切を育む蓮花の如き大慈悲の働きが、口の上にほどばしり出て、仏の愛語の花となつて開くのである。真言は、オンハンドボ、ドハンバヤソワカ、蓮花の如き大慈悲が我が語の上に発生ずるの意である。

次に同じく金剛部の印と真言を結誦する。印は三鈷杵の印であるが、これは両手背を相つけ大指と小指と相かけ合せて三鈷杵の形となし、水平にして下腹部に置く——胸部に置くという口伝もある。これは仏身の中の智恵を表わす。この智恵はただ世間のもの事をよく知る知識の意でなくして、宇宙いつぱいの仏性心月輪こそ真実の我れであると覚る智恵で、五尺の我が身命の底に、宇宙一ぱいの真の我れを確立する身構えなのである。凡そ三鈷や五鈷や独鈷や輪宝や羯摩など、密教の道具をすべて金剛杵、若しくは金剛器という。それは十方に周遍し、三世を貫いている仏の真実生命の内容を象徴せる器具である。真言行者はこれ等の器具を手にとり、胸にあて、心中に立てたり振つたりして、このような真実生命を自他の心内に確立するために用うるのである。真言は、オンバザロドハンバヤソワカーといい、金剛の如き智恵を我が心内に発生するの意である。

最後に被甲護身の印と真言を結誦する。この印は甲冑の印で二手内縛して、二中指立合せ、二頭指を二中指の背につけるようにして少し離し立て二大指並べ立つ。要するに甲の形なのである。この印を胸の前に組むのは、我が体に甲冑をつけて身を守るの意である。

先に浄三業と、仏、蓮、金の三部の印明を結誦して、正にこの身語意の上に智と悲の円満せる仏の霊徳を身につけ得、我れは仏の子として此処に生れ更つたわけだ。そこでこの仏の子が、煩悩の荒れ狂う世間の巷に立向かうのに仏の甲冑を身につけて身を護らねばならぬ。折角仏の子と生れ更つても、再び世の濁りに染まり、煩悩の障りに犯されては何んにもならぬわけだ。

さてこのような身を護る――いわば護身の秘訣は武器を持つ事でなくて、対手の敵害心を失わす事だ。敵をも味方にする事なのである。それには身に寸鉄を帯びずともよい、ただ大慈悲を心に湛える事である。慈悲に立向かう敵はない、敵でも味方になるであろう。随つて今大慈悲の焰にかがやく甲冑を身につけて煩悩の巷に立向かうのである。煩悩の敵も害心を失つて却つて味方になるであろう。これこそ真に護身の秘訣である。

大慈悲の本質は、自他共に本来同一体であるという心ばえに根ざす。お互いこの世の肉体は異なれども、本来唯一の仏性の生命を分け合うた同胞であると知るべきで、この処から真の愛がわくのである。これを大慈悲心というのである。この大慈悲の甲冑を着る時の真言は、オンバザラギニ、ハラチハタヤソワカ――といい、大慈悲心の焰のかがやきこそ護身の要なれという意味である。

以上護身法の五つの印明は、それだけで一つの纒つた行法で、要するに、浄三業に於いて仏性の光をかくす心の執念が払われたので、仏、蓮、金の三部で、仏性我が全身に盛り上がり、大慈悲が我が語の上に、真智見が我が意の内を満たして、真実に仏の子として生れ更わり、同体慈悲の心光をそのまま甲冑として身につけ、憂き世の波風に立ち向うのである。この護身法を真心こめていつも結誦して居れば、それだけで密教的な覚りが得られるのである。私は在家の求道者の相当沢山の人にこの護身法を講伝した。

中にはそれに依つて魂の安らぎを得て、法悦の内にかがやかしき人生を生きている数人の人を知つている。

要は不断に怠らず行じて工夫する事が肝要なのである。

四　結　界　法

結界法は、本来、仏光を迎え入れるために行者自らの心坦を堅固にする作法なのである。その内容は、四無量心観と、勝願と、大金剛輪と、地結と、四方結とである。この中、四無量心観と勝願と大金剛輪では、先ず地形固めをなし、次の地結と四方結は正にその上に心坦を築く所作である。

先ず四無量心とは、慈と悲と喜と捨の四無量心であり、その時の印は観照の印、即ち弥陀定印とて、二手仰いで相叉《まじ》えて二大指二頭指の端相つけて膝に置く。これは今、眼前に展開せる差別の現象を超えた一如平等の神秘大霊界を観照する構えである。

その中初めの慈無量心観に於いて、先ず生きとし生ける一切衆生は、内に共通の如来蔵、即ち同一仏性を具えて居り、我が身語意はその仏性より盛り上れる尖端である事をよく観照し、その真言、オンマカマイタラヤソハラ——大慈よ、普遍せよ、を心に数遍念誦する。

次に悲無量心観は、このような仏性を具えて居り乍ら、小さい五尺の自我に執念するが故に内にかがやく仏性の光を見る事が出来ず、尖端である五尺の我れの生き死にやそれのやりくりにのみ心奪われて真の我を見失い、この所から種々の煩悩がわいて来るきつかけを、能く観照し、その真言、オンマカキャロダヤソハラ――大悲よ、普遍せよと念誦する。

次に喜無量心観は、このように煩悩にまみれていても、もとよりこの身語意は仏性の開ける尖端であり、それを通じて初めて仏光がこの世にかがやくのであるから、お互いの身語意そのものは本来清らかで、蓮花の泥の中に在つて泥に染まぬ如くであると観照し、オンシユダハラボダソハラ――清浄の歓喜よ、普遍せよ、を念誦する。

次に捨無量心観は、先ず捨とは、人為を超えた計らいのない無我法爾の心ばえをいう。この広くも深き心を十方に遍ねくひろげて絶対にまで及び、それより自然に働き出て個体各々を作している事を観照し、オンマゴベイキシヤソハラ――大捨よ、普遍せよ、を念誦する。

かくの如く四無量心をよく観照し終つて、それを単なる観照に終らしめず、熾烈なる願心に盛り上げるのが、次の勝願の印明で、その印は四無量心の弥陀定印をくずさず、そのまま胸の前に上げて金剛合掌する金剛合掌は、堅き決意を以つて、その事の実現にいそしむを示す印であり、真言は、オンサラバタタギヤタシヨウシタク、サラバサトバナン、サラバシツタヤク、サンバニエンタン、タタギヤタ、シツシヤチ、チシユタ、タン――と誦える。その真言の意は、すぐれたる一切の仏の願いを我れは必ず成就せんとの意である。

このような熱烈なる願心をば、大宇宙に遍満せる神秘実在の上に堅固に安立せしむるために、大金剛輪の印明を結ぶ。この印は二手内縛して、二頭指を立合せ、二中指を立てて二頭指に纏うようにし、二大指並べ置く。

この印は輪宝を顕わしたもので、それを臍の処に水平において順転するのである。これは何を顕わすかというに、凡そ大宇宙は森羅万象を包み容れて全く一体なのであるが、さればとて万象の個々は消えて無くなつたのではなく、それぞれに処を得て生かされている。ただ一切が集まつて一つをなし、どの一つをとつても他の一切が入つて来る。恰も縦横上下十方に連なる網の結び目の如き関係なのである。されば一定の中心はないが、捉えた所がいつも中軸となつて他の一切が摂せられる。どこまで行つてもはてがない。無限絶対であつて各々がその場に於いて全体の中軸をなしているのである。但し、今現実のこの場に於いては、この五尺の我れが中軸となつて宇宙の一切を統一している——と観照するのである。そこで、今この印を五尺の身体の中心である臍に置いて順転するのである。

その真言は、ナウマクシツチリヤジビキヤナン、タタギヤタナン、アンビラジビラジ、マカシヤキヤラバジリサタサタサラテイサラテイタライタライ、ビダマニサンバンジヤニ、タラマチシツタギリヤタラン、ソワカ——と誦える。でその意は、清浄にして平等堅固なる大金剛輪宝が、光を放つて一切の無明を照破する事よとの意である。

このように我が心地を宇宙いっぱいによく拡げ、よくならして菩提心の地形を堅め、その上に地結と四方結を結誦して、如来の心光を迎え入れるための心垣を築く。

地結の印は、二手重ねて二頭指二小指二大指各々端をつけ二大指を下に向けて、先に臍の所に置きたる大金剛輪宝の中軸に向かつてさす構えにする。その真言は、オンキリキリバザラバジリホラマンダマンダウンハッタ――と誦え、菩提の心地を結縛して、垣を築くの意である。

次に四方結は、地結の印の二大指を開いて横になし、順にめぐらす。これはこの心垣が煩悩の障りに犯されぬよう垣をめぐらして守る構えで、真言は、オンサラサラバザラハラキヤラウンハッタ――で堅固なる金剛の垣よという意である。

以上結界法五つの印明は、これだけで一つの纏つた行法で、それは真言行者自らの心内に、大宇宙いっぱいの菩提の心垣を築き、現実の我れの内心深き処に無限絶対の法性を確立するための行法なのである。これだけを繰り返えし修しつつ工夫しても、真の覚りを得られるのである。

五　荘厳道場法

荘厳道場観法は、行者自身の心垣をば、仏を迎え入れるのに相応しき場として荘厳する法である。先ず初めに仏の本来います道場を観照する。仏は他より来至されるのではなくて、空しくなれる我が内に仏性として開顕し給う。随つて理智不二の如来拳印を結ぶ、この印は左は蓮花拳、右は金剛拳、左拳の空指（大母指）を立てて右拳で握り、胸の前に置く。蓮花は理、金剛は智であるが、法爾として生きとし生けるものを貫く法性の理をいま我がこの心内に見出す、これ智である。この理智不二せる処が仏性として具わるのである。今この仏性を我が心坦の上に具現して行くのがつまり道場荘厳なのだ。

この道場観に広、中、略の三様がある。先ず広観は空風火水地の五輪より観じて、漸次具体化して須弥山に至り、その頂上に法界宮殿を観想し、その中の殊妙の坦上に蓮花月輪を観じ、その内に本尊いまし無量の聖衆眷属に囲繞されて、これ等を悉くその光の中に包む、と観照するのである。中観は須弥山より観じ始め、略観は法界宮殿より観じ始む。

先ず空風火水地の五輪観は、法界そのものの本初より観照する。宇宙法界は本来空である。色や形を持つている万象は皆空しく仮りのものにすぎない。原子爆弾の数発で悉くは灰になつてしまう。一物も余さない絶対の空である。併し虚無ではない、いつぱいに満ちている。若し虚無というのであれば、それは有に対した無と見る。有とか無とかを超えた絶対の空であればこそ、いつぱいに何かが満ちている。それは言葉を裏返せば絶対の有である。即ち真空妙有である。無一物中無尽蔵である。解り易くいえばその灰の中から再び具体的なものが盛り上つて来る。その初めは風の如き遍通無碍の働きを呈するエネルギーである。エネルギーが働けば熱を呈する。是れ火である。熱は潤いを生む。是れ水である。水が固まれば地となる。このように先ず空風火水地の五輪を観照する。これ本初の宇宙エネルギー観である。

この五輪が土台となつて須弥山を形成する。須弥山は要する大宇宙観の具象である。それは大海があつてその中に屹立する広大妙高の山で、鉄囲山と七金山で幾重にもかこまれ、その中央に高く聳ゆる。山頂は四つの宝石の峯に分れ、その中央にこれ等の宝石で飾られた宮殿ありと観照する。要するに天地渾然の大宇宙観と見ればよい。

この五輪並びにそれが具体化した須弥山観を一つにしたものが、如意宝珠観である。これは一法界蘇哩耶法（理趣法）の道場観の如く、𑖝𑖿𑖨𑖯𑖽の一字を以つて直ちに如意宝珠となし、それを以つて心坦道場の輪格とするのである。これは大師の秘蔵記に𑖀𑖪𑖰𑖨𑖮𑖳𑖽𑖏𑖽の五字輪を一つにしたものが𑖝𑖿𑖨𑖯𑖽の一字であり、それを如意宝珠で表示するという事が説かれてある。

随つて道場観に於いて、ただ如意宝珠を我が心内に観じて直ちにその中に本尊を観置してもよいわけだ。

この如意宝珠、若しくは須弥山上の法界宮殿の中央坦上に蓮花あり、月輪ありてその中に本尊を観照するのである。その場合先ず種字を観じ種字変じて三昧耶形となり、更に変じて尊形に至る。

行者の帰依する本尊に随つて何尊を観じてもよい。大日なれば種字は𑖪𑖽字、三形は五智金剛杵、尊形は五智宝冠をいただいて五色の光明を十方に放ち智拳印に住し給う大日如来を観照する。若し愛染明王なれば、慾触愛慢の熾盛光焔に住し給う明王の本誓を、種字、三昧耶形、尊形としてその中に観照する。若しまた聖天尊なれば須弥山の中腹なる毘那夜迦山の樹林の中に、特に宝部の大宮殿を観置し、その中に慾触愛慢の結晶たる清浄の油海を観じ、その精たる象頭人身の双身歓喜天を、種字、三形、尊形の順で観照すればよい。

かくの如く観照し終りて、それを単なる観照にとどめず、そのまま我が心坦の中に現実に荘厳されたる仏性の内景として確立するために、如来拳印のまま浄土変の真言オンボクケンを誦じて七処加持するのである。

要するに道場観は、我が心内に仏性を開顕せしめ、仏の性徳を我が人格内に盛り上げる秘法なのである。この観法だけでも、密教的な人間形成の誠によき修行道である。

六　入我々入観

入我々入とは『我に入り、我れは入る』と訓読する。即ち『仏我れに入り我れ亦仏に入る』の意で、これを詳しくいえば、『本尊我が身に入つて加持護念して利益を施す、我れ本尊の身中に入つて恭敬供養してその功徳を証得し、かくて本尊と我れと一体無二なり。』と説かれている。

即ち先ず弥陀定印を組みて膝の上に置き、視線を鼻端によせて深く本尊と我れとの不二一体の根本を観照し工夫するのである。

本尊我れに入るためには、我れは先ず空しくならねばならぬ、すべての計らいを捨て、自我ありとの執念も払わねばならぬ。我れ空しくなれば計らいも執われもおのずから消える。

人は此の五尺の身体の中に自我ありとの執念をもつている。随つて、人各々にそれぞれ自我あり他我ありとする事は一応の常識である。

併しよく吟味して見れば自我なるものはどこにもない。いくら肉体を解剖して探して見ても、そのようなものは何にもない。ただ巧妙なる神経系統や頭脳があり、それを養うために肉体があり、その肉体を維持するために消化器やら呼吸器やらがあるだけだ。ちょうどテレビの凾みたいなもので、コイルや真空管はあつても声や影像の出る主は凾の中には居ないが如くである。ただ宇宙いつぱいの生命が満ちている。光が溢れている。それが此の肉体という巧妙なる機関を通して仮りに我れの意識を生じ、仮りに他の肉体を通せば彼というに過ぎない。何れも一つのものから出ている二面であり、乃至無数の面であるからだ。かくて自我は飽くまで仮りのものにすぎない。それは全く実在せず、仮りの名の虚仮にすぎぬのである。それを、何か自我なるものが独存し実在するように思い込み、それに此の心が閉され五官がくらまされ肉体があやつられている。それを『無始の妄分別』とも『二而の隔執』ともいう。心が閉されて暗くなるから無明ともいうのである。

自我なるものはない、恰もテレビの函の如しと思えば、計らいは消え全く空しくなる。空しくなるから宇宙に満つる仏の生命は流れ込んで来る。即ち本尊我れにおのずから入るのである。いわば本尊は宇宙いっぱいに満ちて居られる光りであり生命であるから、空しくなれる我が肉体にもり上り、身語意の機能の上にかがやき出ずるであろう。

その事はまた、同時に我れ空しくなつて本尊の中に没入する事にもなる。

即ち『我れは入る』の所作ともなるのである。かくて宇宙いっぱいの本尊に入れば、それを通して他の一切の生くるものとも通ずる。我他彼此の肉体は別れていても、底は同一法味の仏性海であるからだ。

このような入我々入の秘観が成れば、我が身の機能はそのまま仏の霊光を放つて来る。電球はとりかえずとも電流が通ずれば光りを放つが如く、我が身も亦そのまま仏身と成るのである。

かくて、この入我々入観の至極から次の本尊加持の印明に移つて、本尊の内証を此の肉身の上に成就するのである。

この入我々入観と本尊加持だけでもそのまま一つの纒まつた秘観行法なのである。これはまた只観打坐の黙照禅である曹洞禅に通ずるものがある。

七　正念誦法

珠数は、本来は真言の念誦に使うもので随つて念珠ともいう。それは百八の煩悩の心の一つ一つを珠として綴つたものであるが、これ等の煩悩も、本来は自我の執念にくらまされた心の働きなのであるから、若し仏の光に照らされれば、無明の暗は晴れてそのまま菩提の心珠となるのである。そこで先ずこの煩悩の珠なる念珠を焼香にあてて浄め、更に両掌に入れて純浄なものとなし、ラン字の火をあてて不純を焼く。かくて、菩提の光のかがやく念珠となるのが浄珠の明なのである。

次にこの百八の菩提の浄珠を旋転して三世十方に展開し、宇宙に満つる無尽無数の仏性の粒子となし、それを両手説法の印になして口の両辺のあたりに開きつまぐりつつ、本尊の真言を念誦するのである。即ち一字一声皆仏性の息吹きより出ずるものとなって、それが我が体内に盛り上り、胸を経て声帯に触れ口より真言となつて光明を放つてほどばしり出で、自他の無明の暗を照破するのである。即ち、も早や我れ念誦するにあらず、仏、我が内に在りて誦じ給い、それがそのまま我が誦ずる真言となるのである。

このように真言の念誦を通して仏と我れとの一体三昧を成就するのが正念誦法であり、それが極まれば、再びここに本尊の内証を成就するが故に次の本尊加持の印明となるのである。

これは又、法然上人や親鸞上人の唱名念仏の一門を開く源となる。この正念誦法と、それにつづく本尊加持は、これだけで一つの纒つた念誦法で、この一法を修しても成仏の秘法となるのである。

八字輪観

禅定心に住する法界定印を結び、深く宇宙万象の実相を心底に観照するのが、字輪観である。

先ず心中に月輪ありとし、それは平面でなくて立体の球なりと観ずるを深秘とする。即ちその心月輪たるや、無限絶対の法界を包み、その心月輪の中央にア字、その前右左後にバ、ラ、カ、キヤ、の四字を配置して観じ、そしてア字より出でて順にバ、ラ、カ、キヤ、に及び、又逆にキヤ、カ、ラ、バを経てア字に帰入するように、順逆に観ずる。

この場合周辺のバ、ラ、カ、キヤの四字は、個々差別の相を呈せる現象界を示し、中央のア字はこの現象を貫いて満てる一如平等の法性海である。一切万象はア字の性海より縁起し、随つて又ア字の同一性海に帰入する。

今我が此の身体は、心月輪より盛り上れるものにして恰も如意宝珠の尖端の如しと観ずる。かくて宇宙に満てるア字の生命は、息吹きとなつて我が鼻吼より入りて吸う息となり、胸を経て我が心底に心月輪としてひろがれる宝珠の腹におさまり、天地に満ちてそのまま一切万象の息となり生命となる。

それらが又集まつて阿字の息となつて宝珠の腹より尖端たる我が身の胸部を経て、吐く息となると観じ、深く呼吸する。かくて出入の息の中に己れを没すれば、我れと、宇宙法界と、万象とは、全同となるのである。

即ち息を通し、いわば意命を通して本尊と我れとの一体三昧を成就するのが字輪観で、それがおのずから極まつて、次につづく本尊加持の印明となるのである。

これは又公案を工夫して心に直ちに絶対法性を体験する臨済禅に通ずるものがある。字輪を転じて工夫するは、恰も一つの公案を拈ずるが如きものなのである。

字輪観と本尊加持だけでも一つの纒まつた悟道の行法と云う事が出来るのである。

九　結

以上密教の一坐行法の中にこのように工夫された修観の道が沢山に説かれてある。それらの一つ一つでもそれだけで立派に纒つた行道なのであるが、更にそれらの幾つかを一つに組織した一坐行法をば、前後次第を追うて行解して行けば、これ程ありがたいものはなく、それを通して真に無尽の宝庫を開く事が出来るのである。

このように尊い秘法をもちながらその真価を知らず、一向にこれを拝もうとしない。如何なる寺でも教会でも、少なくともそれが真言宗の寺院であれば、一坐行法の坦や密具のない事はない。然るにそれは大方覆せられて雑然と乱れ置かれ、一向に行法を修した跡が見られぬのである。

印を結んだり真言を誦えたりなど仲々とりつき難いというのが拝まぬ人の理由となるのであるが、少し慣れれば何んでもない。「行法の次第」などは毎日拝んで居れば自然に暗記してしまう。そうなれば「次第」など前にない方がよい。大体「次第」はただその順序など間違わぬためのメモなのである。

お大師様の書きのこされた「次第」など、初歩の行者のために編まれたものは詳しく書かれているが、自行用に用いられたものは、頭字の一二字だけが書いてあるだけである。例えば護身法の所は、護身とか、洒水の所は洒とかという工合である。何んの事はない、心覚えのメモという程度なのである。印や真言や観想など詳しく細やかに書かれたものは拝む上の参考資料としてはよいが、実修の上では却つて末節に拘わつて邪魔になる。早く慣れてしまいその内意に通達する事が先決で、そうなれば「次第」の字句に拘わらぬがよい。かくて次々の所作が自在にわき出て来る。

何故このような折角の法宝があるのに、それを等閑に附して顧りみぬのであろうか。一坐行法を通しての体解こそ、密教者として最も肝要である事を痛感するのである。

著者略歴

三井英光（みつい えいこう）

1902年　新潟県中頸城大潟町雁子（現在の上越市）に生まれる。
1916年　埼玉県妻沼町歓喜院にて得度剃髪。
1927年　高野山大学卒業。
1928年　愛媛県東予市楠、道安寺に住し、後に神宮寺へ転住。
1953年　再び高野山に登り、真別所維那兼事相講伝所主任に就く。その後奥之院維那、伽藍維那等を歴任。僧階大僧正、教階主教、学階学匠。
2000年　逝去。

著書
『加持力の世界』『加持祈禱の原理と実修』『大師の救いに目醒めて』『理趣経の講話』『曼荼羅の講話』『密教の安心』『密教を語る』『仏光を仰いで』『恩師英良師を偲びて』『入定留身』『三井英光著作集１・２』他に論文・随想など多数。

新装版　真言密教の基本―教理と行証―

一九七九年　六月二一日　初　版第一刷発行
二〇一九年　五月二〇日　新装版第一刷発行
二〇二四年一一月三〇日　新装版第三刷発行

著　者　三井英光
発行者　西村明高
発行所　株式会社　法藏館
京都市下京区正面通烏丸東入
郵便番号　六〇〇‐八一五三
電話　〇七五‐三四三‐〇〇三〇（編集）
〇七五‐三四三‐五六五六（営業）

装幀　山崎　登
印刷・製本　亜細亜印刷株式会社

ISBN 978-4-8318-6566-3 C0015